Money錢

Money錢

Money錢

Money錢

小資致富術

用主題式ETF錢滾錢

Buy
不敗教主 陳重銘 著

Money錢

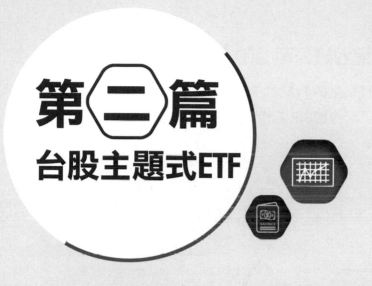

第二篇
台股主題式ETF

第 三 篇
海外市場主題式ETF

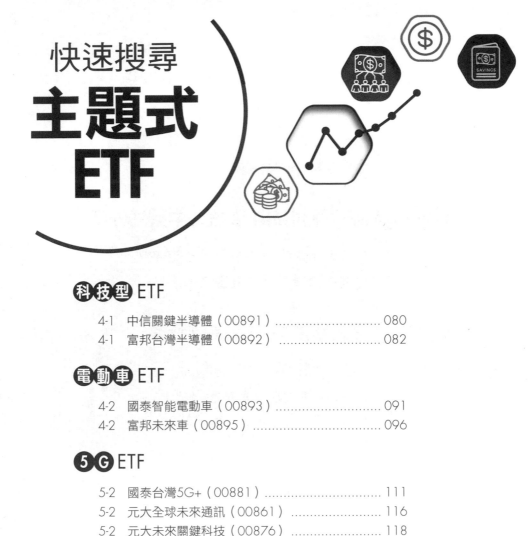

快速搜尋 主題式 ETF

E S G ETF

美 國 ETF

中 國 ETF

越 南 ETF、基金

投資自己才是最大的明牌

　　ETF 可謂是近幾年最火紅的商品，加上台股從 2017 年站上萬點之後，一路頻創新高，到 2021 年 7 月已來到 1 萬 8,000 點，日成交量也衝破 7,000 億元大關。股市確實熱到不行，各大投信紛紛卯起勁來推出更多、更創新的 ETF，也讓投資人看得更加眼花撩亂。

　　以前是股票太多造成投資人選股困難，所以乾脆買進市值前 50 大的 ETF，例如元大台灣（0050）、富邦台 50（006208），一次囊括 50 家大企業，只要台灣經濟持續往上，投資人便可以搭上順風車。但是現在 ETF 百花齊放，同類型的商品，如高股息、半導體、電動車、ESG、5G……業者往往一口氣同時推出好幾檔，投資人反而陷入選擇困難的窘境！

　　投資股票最重要的是觀念，ETF 亦然；但是 ETF 同時兼具股票和基金的特點，如果只用股票的觀念來看待，恐怕又會「見樹不見林」。股票和 ETF 最大的不同點在於，股票的發行張數是固定的（股本股定），但是 ETF 的規模卻可以變大或縮小，例如 0050 的規模從百億元增加到 2,000 億元，市場上流動的股票張數也一樣增加了。

　　有些投資人喜歡用籌碼來觀察大戶的進出，但是 ETF 的規模可大可小，因此觀察籌碼反而完全無效！投資股票時，有人常常抱怨外資用假報告來坑殺散戶，例如發出好消息吸引散戶買進，接著再拼命倒出手中的股票，這樣做確實可以達到籌碼轉移的目的。

　　但是 ETF 有「造市商」機制，大戶如果大量賣出也是由造市商吸收，股價依然會維持在淨值附近。因此，說什麼大戶放出好消息誘使散戶買進、「割韭菜」……這些完全不適用在 ETF 上面，因為 ETF 的股價會維持在淨值附近，這就是造市商最主要的功能。

淨值和產業前景才是觀察 ETF 的重點，淨值就是成分股的加權平均，有點類似成績單的總平均，只有成分股股價的漲跌，才會影響 ETF 的淨值（股價），和市場上的籌碼買賣是無關的！

一般來說，造市商會努力將股價維持在淨值附近，但如果是連結海外商品的 ETF，拿已經下市的元大 S&P 原油正 2（00672L）為例，主要投資的是石油期貨，想要增加規模須匯出美元當保證金，同時要經過央行審核，短期間無法增加規模、釋出股票，加上又碰到國際油價大幅波動，導致其股價曾大幅溢價 500%，許多投資人因此將矛頭指向投信公司，指責它們未善盡責任，其實投信公司也是有苦說不出。

ETF 是追蹤指數，並非經理人主動選股。指數是 ETF 的命脈，指數規定了要買進哪些成分股、哪一支占多少比例的權重，投信和經理人是無權決定的。

好的指數規劃會決定 ETF 的未來，而指數也包含不同的國家和產業，例如連結美國的國泰美國道瓊（00668）、元

大 S&P 500（00646）、國泰費城半導體（00830）；台灣
的 0050、富邦台 50、富邦公司治理（00692）；中國的國
泰中國 A50（00636）、富邦上證（006205）、中信中國
50（00752）；越南的富邦越南（00885）。

還有高股息的 0056、國泰永續高股息（00878）、
中信中國高股息（00882）；半導體的中信關鍵半導體
（00891）、富邦台灣半導體（00892）；5G 的元大全球
未來通訊（00861）、元大未來關鍵科技（00876）、國泰
台灣 5G+（00881）；電動車和未來車有國泰智能電動車
（00893）、富邦未來車（00895）……

相信讀者已經看到眼花撩亂了！其實指數的重點就是前
景和成分股的權重，拿富邦未來車為例，該指數鎖定未來 4
大移動趨勢，包含自動駕駛、車聯網、電動車與新能源車、
共享運輸等。

我的分析邏輯是這樣，先問問自己這是不是汽車未來
的發展趨勢；接著看其成分股，前 3 大持股分別是特斯拉

（Tesla）、台積電（2330）和輝達（Nvidia），截至 2021
年 7 月，3 者加起來的權重是 57%，可知後續績效表現主
要是受這 3 大公司所影響，除此之外，成分股中還有豐田
（Toyota）、本田（Honda）傳統汽車大廠，與 Uber 等共
享運輸，可以看出富邦未來車不侷限於電動車產業。最後，
則是要研究這 3 大成分股的發展潛力，值不值得投資。

　從上面的說明可以看出，投資 ETF 還是要自己做功課，
而且要搞清楚 ETF 的淨值、規模，不要再用錯誤的籌碼角
度來分析 ETF。投資不是到處問明牌，例如有人喜歡成分股
納入長榮（2603），但是有人反彈，這個就要自己評估了。
此外，一個產業的興起，例如 5G、半導體、未來車……往
往需要 5 ～ 10 年的時間，投資人能否堅持信心長期投資，
才是致勝的最大關鍵。

　經營粉絲團多年，看到許多人用似懂非懂的觀念在投資
ETF，實在是讓我擔心！但是 ETF 這麼多要怎麼挑選，挑
對了又要如何操作呢？本書囊括了國內外重要的 ETF，並

詳細解說指數、淨值、折溢價與長期投資、短線賺價差等觀念，希望可以對投資人有點幫助。

我深深覺得，最大的韭菜其實是「知識不足的自己」，如果你打算花很多年和很多錢來投資股票，為何不先花一點書錢與時間，讀點書來投資自己。不要再到處問明牌了，投資自己才是最大的明牌。

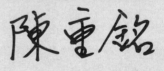

2021 年 11 月

第一篇
建立基本觀念

第1章

主動投資好
還是被動投資佳？

1-1

研究多廣泛
才能做好投資？

經營粉絲團這麼多年，經常被問到：「老師，我要研究什麼才可以做好投資？學習籌碼、技術指標、看財報，還是鑽研產業……」請記住，你投資股票是為了「自由」這兩個字，希望每天可以遊山玩水、睡到自然醒！

上班已經夠辛苦，白天被工作壓得喘不過氣，回家又要忙家事、教小孩讀書，如果還要擠出時間來學習財報、研究產業，你有辦法休息嗎？週末假日有空陪家人出遊嗎？恐怕在達到財務自由之前，已經被工作、家庭、研究股票給壓垮了！

再次提醒，投資股票是為了「自由」，而不是把自己搞得更

忙、更累；投資是為了當贏家，不是要當專家。如果當專家可以賺大錢，台大財經系的教授，不就統統辭職，住進帝寶豪宅？

⑤ 主動投資：用特定策略挑好股

什麼是主動投資？就是以特定的選股策略，找到便宜的好股票，追求勝過大盤的超額報酬。以下拿台積電（2330）為例，說明我經常使用的「從上而下」研究法。

首先，我相信科技會不斷地進步，例如，從桌上型電腦到筆電，再進化到手機、平板、智慧手錶、自駕車、機器人……新產品持續地推出，連帶地 IC（積體電路）的需求量也越來越高。

既然認定 IC 的需求會越來越高，我就從這產業中找最優秀的公司，就像在廣大無垠的藍海中找出跑得最快、最大的一艘船，只要在便宜時買進，然後抱緊即可，這就是「從上而下」的研究方法，也就是先找出大方向的趨勢，再從中撈出好股票。

在 IC 產業中，台積電的製程技術高超，5 奈米、3 奈米領先全球，2020 年更因為肺炎疫情蔓延，宅經濟興起，引發 5G 網路、筆電等需求，導致產能供不應求，資本支出從 2020 年的 172 億美元，成長到 2021 年的 300 億美元。股價也從 2020 年 3 月最

低的 235.5 元，大漲到 2021 年初的 600 多元，可以看出「從上而下」研究法的厲害之處。

選定台積電之後，接著就要選擇買進的時機點，套用股神巴菲特的一句名言：「當別人恐慌時，我要貪婪。」不過要注意的是，只有好公司的股票才可以貪婪，如果是獲利持續衰退的公司，例如宏達電（2498）股價從 1,300 元崩跌到 30 元，當別人恐慌時，你更應該戒慎恐懼。

2020 年 3 月新冠肺炎肆虐，引發全球股災，美國股市好幾次

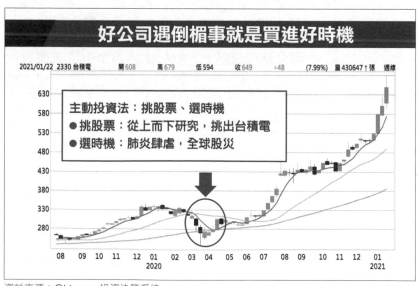

資料來源：CMoney 投資決策系統

因為跌幅過大啟動熔斷機制（暫停交易），台股大盤也從年初的 12,000 點附近，迅速崩跌到 8,500 點左右，台股權重王台積電股價更一度重挫到 235.5 元。

可是，疫情的延燒也催生了「宅經濟」商機，大家在家辦公、上課，造成筆電熱賣，也使得 5G 產業「疫外加速」，IC 需求大增。2020 年第 1 季，台積電的 EPS 高達 4.51 元，較 2019 年同期成長 90.6%，表示公司體質強健，獲利逆勢成長。當好公司碰上倒楣事，就是進場買進的好時機。

$ 別傻了！不是人人都能當股神

從上面的說明可以看出，主動投資需要有能力研究產業和公司，除了善選底部的進場時間，還要有足夠的心理強度來度過股災，不是每個人都能夠辦得到。而且天有不測風雲，股王宏達電也曾經風光無限，但是卻讓投資人傷透了心！所以投資股票就算你再怎麼努力研究，還是有不可預測的利空消息。這就是主動投資所須付出的成本，包括花時間研究、買錯股票賠本等。

因此，更重要的是做好「分散」，不要把雞蛋放在同一個籃子，但是分散投資又會引發 3 個問題：

問題❶ 資金不多

想要分散投資台積電、聯發科（2454）、大立光（3008），有那麼多資金嗎？

問題❷ 時間有限

如果分散到 10 檔股票，加上幾檔候補的口袋名單，有那麼多時間研究嗎？

問題❸ 專業不足

看到「資本支出」、「奈米」、「宅經濟」這些名詞，會不會一個頭兩個大？難道要重回大學再修學分嗎？即使你相信「人定勝天」，認為自己聰明過人、有毅力，想要努力研究股票當「台灣的巴菲特」，但事情真的有這麼容易嗎？你不妨先問自己：

- 你付得起昂貴的軟體費用，每個月能花很多錢成為投顧公司會員？且保證穩賺不賠嗎？
- 你能和巴菲特一樣，每天閱讀 500 頁財報？
- 你比專家聰明，能找到他們都不知道的資訊，並且進行判讀？
- 為了自由，花費很多金錢和時間進行研究，結果不但無法保證穩賺不賠，還讓自己更忙，更不自由，這是你想要的嗎？
- 你想當投資專家，還是安穩賺錢的贏家？

- 你要把時間和精力浪費在研究公司財報、籌碼、技術分析、產業、經濟和盯盤等細節上，還是要集中精神來做總體的決策？

- 你能夠承受股票變壁紙等重大投資損失嗎？

- 在戰場上，100 個士兵中只有 20 個是真正的戰士，其他都只是敵人砲火下的犧牲者。股市中也一樣，只有 20% 的人賺錢，80% 的人都在賠錢，你會是幸運的 20% 嗎？

⑤ 基金經理人 可能不是你想的樣子

看來，要當個專職的投資人也不是那麼容易，於是有些人會選擇買「共同基金」，也就是投資人出錢、基金公司提供專業，期盼「有錢出錢、有力出力」來共創雙贏！想像很美好，現實卻很殘酷。把辛苦錢拿給基金公司操作，他們真的有良心、有能力，能夠善盡職責嗎？上網搜尋「經理人操守」，結果可以用觸目驚心來形容。光是 2012 年至 2020 年，勞動基金就爆發 4 次弊案。

為什麼會有弊案？因為基金經理人想的可能和你不一樣，假設我掌管 100 億元的基金，就算年報酬率達 30%，1 年幫投資人賺 30 億元，最多也只是拿到幾個月的獎金，心理會平衡嗎？要是配合公司派炒作股票，拿到的分紅恐怕很驚人！在白花花的鈔票面

前，不少經理人選擇出賣良心，也因此造成投資人的虧損。

　　其實基金也是一種主動投資，只是選股、擇時的操作權交到了基金經理人手上，以下簡單說明投資基金可能產生的問題：

問題① 高成本

　　因為是「主動管理」，基金公司要聘請研究員寫投資報告，雇用經理人管理投資組合，這些人的薪水都會算在投資人身上，所以基金每年內扣的經理費，通常高達 2%，而高費用也是主動投資長期績效輸給指數投資的主要原因。

問題② 看錯方向

　　股災時，經理人可能比你更恐慌，拼命殺出持股保留現金，或是買進錯誤的股票。一旦股市「V型」反轉，基金績效不佳就會導致投資人受傷。

問題③ 高週轉率

　　買賣股票，券商會收取 0.1425% 的手續費，但是如果交易量夠大，券商就願意把部分手續費退還給你，也就是所謂的「退佣」。一般的潛規則是成交 1 億元、退 10 萬元佣金。如果經理人手上有 100 億元資金，買進 1 次會產生 1,000 萬元的退佣；賣出 1 次又會產生 1,000 萬元的退佣，經理人只要頻繁進出（高週

轉率），就有數不完的退佣！

但是羊毛出在羊身上，這些退佣都是交易的成本，當然會降低基金整體報酬率，所以週轉率越高的基金，績效表現通常較差。

問題④ 經理人配合公司炒作

不肖公司會找基金經理人配合炒股，經理人用高價買進股票，讓老闆在高點出貨，再收取分紅。但是基金買進的股票卻套在高點，造成投資人的損失。

問題⑤ 公平揭露原則 難以創造高報酬

以往資訊不流通，需要靠經理人勤奮拜訪公司，以獲取第一線消息，來創造基金的超額報酬。但是現在規定，上市公司應正確、完整且即時提供所有資訊給投資人，導致市場太有效率，股價已經反應大家的共識，經理人很難再創造出超額報酬。

問題⑥ 專家與專家競爭

優秀的經理人彼此在市場中競爭，股票的價格越來越接近它們的內在價值，經理人難以從中獲利，擊敗市場變得更加困難。

問題⑦ 經理人異動

就算選到1檔報酬率不錯的標的，但是過去績效不代表未來，而且經理人也可能異動。

1-2

財務自由
靠懶人投資法神助攻

既然主動投資有諸多問題，報酬率又很難超越大盤，那麼有沒有辦法用低成本的方式追蹤大盤，獲得與市場一致的報酬呢？當然有，我們先來借鑑股神巴菲特的智慧。

巴菲特是主動型投資人的表率，他研究選股，從早期的可口可樂到最近的蘋果電腦，優異的眼光造就了富可敵國的身價。然而當縱橫股海 80 年的股神垂垂老矣時，也會開始擔心「創業維艱、守成不易」！交棒之後，下一代能否勤奮研究股票，維持他辛苦打造的股市神話或再創高峰，還是富不過三代？

巴菲特表示，在他過世後會將 90% 的財產投資於「標準普爾

500 指數」（S&P 500 Index，見第 8 章的詳細說明）。2014年，巴菲特在給股東的信中提到：「對一般非專業的投資人來說，低成本的 ETF（指數股票型基金）是最好的投資。」ETF 就是被動投資，以特定指數（例如 0050 追蹤的是「台灣 50 指數」）為標的，購買該指數的部分或全部成分股構成投資組合。

指數股票型基金6大特點

簡單來說，ETF 可以想像成一籃子的股票，是最簡單、最便宜，且能有效分散風險的投資方法，其特點如下：

特點1 低成本

一般主動型基金的手續費約 1% ～ 3%，ETF 的手續費為 0.1425%，若是電子下單還可以再打折。主動型基金經理費每年約 2%，ETF 則多在 1% 以下，例如富邦公司治理（00692）和富邦台 50（006208）只有 0.15%，是 ETF 中費用最低的。

特點2 長期績效擊敗專家

指數化投資可以省掉高費用、股票週轉、稅務、挑選經理人等成本。由於成本低廉，長期投資具有優勢，往往擊敗多數專業基金和散戶。

特點❸ 掌握自己的投資

可以選擇自己喜歡的指數，例如高股息、ESG（永續投資，包含環境 Environmental、社會 Social 和公司治理 Governance）、5G、半導體、電動車……不用煩惱經理人選了你不喜歡的股票。

特點❹ 專注在大方向

在美股熔斷時買進追蹤道瓊指數的 ETF，例如國泰美國道瓊（00668）；肺炎疫情爆發時逢低買進中國相關的 ETF，例如國泰中國 A50（00636）、中信中國 50（00752）。投資人只要專注在決策上，不須煩惱要買進哪一支股票，當然更不用研究個股財報、籌碼、技術線圖等。

特點❺ 避免恐慌做錯決策而成為輸家

股市的輸贏往往不是由勝者決定，而是取決於輸家的錯誤決策，因為 EQ（情緒控制能力）不足，明明買進的是好公司，卻因為股價下跌，陷入恐慌、拋售好股票，這樣的狀況在股市屢見不鮮。

例如 2020 年 3 月因為肺炎疫情引發股災，0050 重挫至 67.25 元，就是恐慌輸家在犯錯。輸家為何會出錯？因為擔心股票變

壁紙，可是 ETF 的成分股不可能同時倒閉，統計自股災爆發後到
2021 年 1 月 21 日，不到 1 年的時間，0050 上漲到 143.25 元，
漲幅超過 1 倍。可見投資原型 ETF，其實是最安穩的，更不用擔
心成為輸家。

特點❻ 成分股不會同時倒閉

要相信指數不會歸零，成分股不可能同時倒閉，如果 0050
變成壁紙，表示台積電（2330）、鴻海（2317）、聯發科
（2454）、大立光（3008）、台泥（1101）、亞泥（1102）、
台塑四寶、國泰金（2882）、富邦金（2881）、中鋼
（2002）、中華電（2412）……統統倒閉，請問有可能嗎？買進
ETF 真的不需要太恐慌，只要穩定情緒，便可以做好投資。

掌握2要點 輕鬆當股市贏家

被動投資應掌握 2 個要點，首先，可以選擇大型、穩定成長的
經濟體來長期投資。例如美國是最強大的國家，道瓊又是大家最
耳熟能詳的指數，買進國泰美國道瓊，就可以輕鬆投資美國。

其次，可以挑選未來明星產業，例如 5G、ESG、半導體、電
動車……再利用 ETF 來買進一籃子好公司。2020 年肺炎疫情席

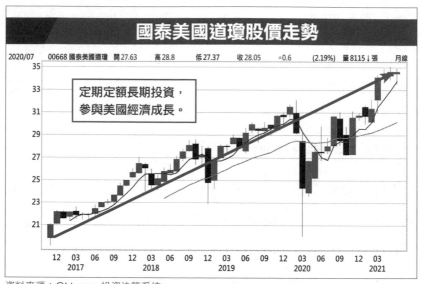

資料來源：CMoney 投資決策系統

捲全球，大家宅在家導致網路需求大增，使得 5G 產業「疫外加速」，預料自 2021 年起將持續蓬勃發展，我寫這本書時台灣有 4 支相關 ETF，以最早成立的的元大全球未來通訊（00861）為例，推出僅 1 年多報酬率就逾 40% 。只要挑對產業，買進相關 ETF，投資人完全不用研究股票，即可安穩當贏家。

投資的初衷就是「靠好公司幫忙賺錢」，達到財務自由，享受人生。利用 ETF 買進一籃子績優公司，然後有紀律地採用「定期定額＋逢低加碼＋股利再買回」的策略，努力增加股票張數，

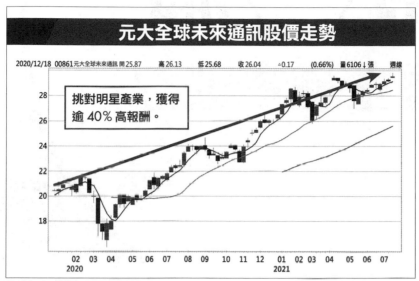

資料來源：CMoney 投資決策系統

就有許多好公司幫你賺錢，你寶貴的時間可以用來陪伴家人、發
展興趣、旅遊散心、享受美食……好好過自己想要的人生。請記
住，投資不是要當專家，而是要當贏家。

第一篇
建立基本觀念

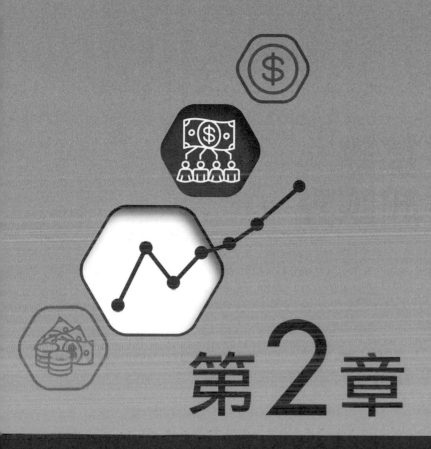

第2章

看懂 ETF 結構
避免重押單一產業

打好基礎
贏在起跑點

近來最火紅的金融商品非 ETF 莫屬，ETF 的中文名稱為「指數股票型基金」，既然是基金就表示由投信發行，但它又可以在股市中交易，所以 ETF 是「可以當成股票買賣的基金」。

原型可長期投資 槓桿和反向型適合短線

目前，國內業者發行的 ETF 可謂百花齊放，而且數量持續增加中，簡單分類及說明如下。

類型1 原型 ETF

現在主流的 ETF 以追蹤「台灣 50 指數」的元大台灣 50

看懂 ETF 分類

項目	類型	追蹤標的	證券代號説明
傳統型	股票（原型）ETF	國內外股票指數	4～6 碼數字
	債券（原型）ETF	國外公債、公司債指數	第 6 碼為 B
交易型	原型期貨 ETF	如黃金、石油、黃豆等商品期貨，或匯率、波動率期貨等指數	第 6 碼為 U
	槓桿型 ETF、反向型 ETF	股票、債券、期貨等單日報酬正向 2 倍或反向 1 倍指數	槓桿型第 6 碼為 L反向型第 6 碼為 R

資料來源：證交所

（0050）為代表，買進 0050 等於同時買進台灣市值前 50 大企業。原型 ETF 適合中長期的投資規劃，可以長期持有，不用擔心變成壁紙。

類型❷ 槓桿型 ETF

槓桿型 ETF 的優點是能以小搏大，例如追蹤「台灣 50 單日正向 2 倍報酬指數」的元大台灣 50 正 2（00631L）即是槓桿型 ETF。請注意「單日」這兩個字，長期投資不一定有 2 倍效益。這類 ETF 都是買進期貨，不會有配息，也不建議長期持有，比較適合做短線價差。

2020 年底，元大 S&P 原油正 2（00672L），因為半年內重挫超過 90%，最後遭清算下市。買進槓桿型 ETF 有相當風險，切記絕對不要賭身家，要做好停利和停損。

類型❸ 反向型 ETF

走勢與大盤相反，在看空未來股市時可以買進。以國內規模最大的反向型 ETF 元大台灣 50 反 1（00632R）為例，自 2014 年底以 20 元掛牌以來，隨著台股一路走升，2021 年 7 月 15 日股價只剩下 5.44 元，近 7 年的時間重挫 72.8%。在此提醒，反向型和槓桿型 ETF 都是買進期貨，不適合長期持有，建議做短線價差，兩者都不能賭身家，要做好停利和停損。

ⓢ 你該知道的優勢與風險

對 ETF 類型有簡單的認識後，接下來將進一步探討投資 ETF 的優勢與風險。

優勢❶ 不用選股 輕鬆投資全世界

看好台灣就買進 0050、富邦台 50（006208）、富邦公司治理（00692）、元大高股息（0056）、國泰永續高股息（00878）；看好中國就買國泰中國 A50（00636）、富邦

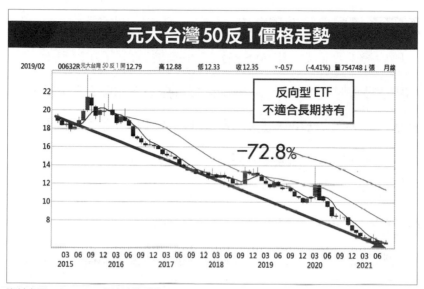

資料來源：CMoney 投資決策系統

上證（006205）、中信中國 50（00752）、中信中國高股息（00882）；看好美國則買元大 S&P 500（00646）、國泰美國道瓊（00668）、國泰費城半導體（00830）。

優勢②　不須花時間研究個股

只要預估市場走向，看多買正1、正2，看空買反1。

優勢③　抓住產業趨勢就能賺

各類主題式 ETF 多元，例如 5G、AI、資安、宅經濟、半導體、電動車……各有相對應的 ETF 可以投資。

優勢④ 用配息打造現金流

國內股票型原型 ETF 大多有配息，例如 0056（年配息）、中信中國高股息（半年配）、國泰永續高股息（季配息）。要特別提醒，海外原型 ETF 大多沒有配息，槓桿和反向型 ETF 則全無配息。若是想擴大資產者，建議著重成分股的成長性，賺價差不輸給領股利。

優勢⑤ 定期汰弱換強

ETF 會依照指數規則進行成分股篩選，持續汰弱換強，投資人不必煩惱，例如 0050 原先持有宏達電（2498），但是因其營收持續虧損，在 2015 年被剔除，並更換成儒鴻（1476）。

優勢⑥ 證交稅低

一般股票證交稅是 0.3%，ETF 只有 0.1%，做價差較有優勢。

優勢⑦ 逢低加碼可攤平成本

原型 ETF 持有數十支成分股，這些公司不可能同時倒閉變壁紙，因此當股災降臨時，投資人千萬不要恐慌賣出，反而是要積極加碼。只要持續買進、降低成本，當股市反彈時就會有不錯的獲利。

除了上述優勢之外，投資 ETF 還有以下幾件風險必須留意：

風險❶ 股災來時一樣會受衝擊

當股災來臨時，ETF 的成分股一樣會重挫，導致其股價大跌。

風險❷ 集中單一產業易受景氣影響

半導體、5G、電動車、金融股等主題式 ETF 易受個別產業景氣的影響，例如以金融股為主題的 ETF，受金融風暴的衝擊較大，最好同時投資其他產業的 ETF 來分散風險。

風險❸ 賺到指數、賠上匯差

投資海外 ETF 時，投信須先換成當地貨幣，如此就有匯率風險。例如當台幣大幅升值時，海外 ETF 有可能賺到指數，卻賠上匯差。

風險❹ 市場有時差 應變慢半拍

全球股市存在著時差，台灣業者發行的海外 ETF 無法即時反應，尤其是投資正2、反1的 ETF 更要注意，此點會在後面章節再詳細說明。

風險❺ 部分 ETF 沒有漲跌幅限制

國內股票有 10% 漲跌幅限制，有些國家的股市則無，如果 ETF 的成分股是追蹤這些國家的股票或是商品期貨，就沒有漲跌幅限制。例如 2020 年 4 月 22 日，元大 S&P 原油正 2 單日重挫高達

42%，投資人想跑都跑不掉。

台股市值型ETF漲跌緊貼台積電

原型 ETF 包含數十支成分股，每支成分股占多少比率，就是所謂的「權重」。決定成分股權重，通常有下列 2 種方法：

方法❶ 市值

由市值決定成分股權重，市值越大占比越高。以追蹤台灣 50 指數的 0050 為例，2021 年 2 月 5 日台積電（2330）市值為 16.3 兆元，占 0050 權重 52.68%，聯發科（2454）市值 1.59 兆元，占 4.88%。以台股市值決定權重的 ETF，一定會有台積電。

內含費用低 長期投資較具優勢

ETF 名稱	代號	經理費（%）	保管費（%）	淨值（元）	規模（億元）	配息
元大台灣50	0050	0.32	0.035	141.04	1,907.67	半年配
元大台灣 ESG 永續	00850	0.3	0.035	35.3	96.67	年配
富邦公司治理	00692	0.15	0.035	36.39	114.01	半年配
富邦台50	006208	0.15	0.035	81.06	139.87	半年配

說明：淨值每日更新，資料時間截至 2021/7/14，基金規模每月更新，資料時間截至 2021/6/30。

同樣追蹤台灣 50 指數的還有富邦台 50，它與 0050 算是雙胞胎，兩者績效表現都差不多，但是 0050 內扣的經理費是 0.32%，富邦台 50 則只有 0.15%，後者對長期投資人較有利。

方法② 殖利率

由殖利率來決定成分股權重，殖利率越高占比越大。殖利率的計算又可分為「統計過去」和「預測未來」2 種方法，相關內容會在後面章節說明。由於台積電股利殖利率不高，所以標榜「高股息」的 ETF 通常沒有台積電。

從成分股來看，追蹤台灣市值權重的 ETF 除了 0050、富邦台 50 之外，還有富邦公司治理、元大台灣 ESG 永續（00850）等。富邦公司治理追蹤證交所編製的「台灣公司治理 100 指數」，從公司治理評鑑的前 20% 標的中，加入流動性、財務指標等條件，篩選出 100 檔成分股。

元大台灣 ESG 永續是追蹤「台灣永續指數」的績效表現，其成分股並沒有固定的檔數，但約有 90% 與 0050 相同，故被稱為「小 0050」。

為避免 ETF 過度集中在前幾大成分股，證交所後來訂定 ETF 持股單一標的不能超過 30%、前 5 大標的不得超過 65% 的規則

3檔市值型ETF的「含積量」

元大台灣50 （0050）		元大台灣ESG永續 （00850）		富邦公司治理 （00692）	
股票名稱	權重（%）	成分股	權重（%）	股票名稱	權重（%）
台積電	47.85	台積電	29.3	台積電	42.71
鴻海	4.5	鴻海	5.83	聯發科	3.98
聯發科	4.47	聯發科	5.79	台塑化	2.71
台達電	2.27	台達電	2.94	中華電	2.39
聯電	2.05	聯電	2.65	台達電	2.25
合計	61.14	合計	46.51	合計	54.04

資料時間：截至2021/7/14

（俗稱台積電條款），元大台灣ESG永續就受此限制，因此當台積電大漲時，績效表現會輸給0050。

用市值決定權重的台股ETF，因為過度集中在台積電，股價會被其左右。例如0050約有一半權重是台積電，所以兩者股價走勢非常相似，可參考台積電來操作0050。

避免過度集中 做好資產配置

投資1檔ETF雖然可以同時買進數十檔成分股，但是因為指數規則，例如市值型ETF，股票的市值越大、ETF權重就越高等，有

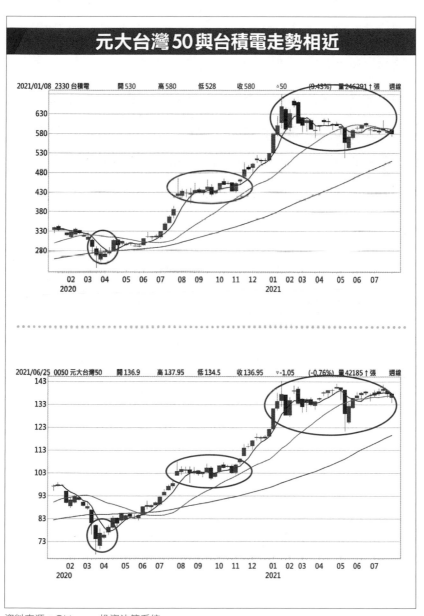

元大台灣50與台積電走勢相近

資料來源：CMoney 投資決策系統

時候會發生過度集中在特定成分股的情況，導致分散性不佳，因此建議買進 ETF 也要做投資組合配置。

偏重台積電者，可搭配高股息。由於台積電市值是台灣第一，因此以市值決定權重的台股 ETF 都會將其納入，明顯「成也台積電、敗也台積電」。此時，可搭配高股息 ETF，例如 0056、國泰永續高股息、中信中國高股息，除了可以增加股息收入，也能降低單一公司的影響。

以往因為台積電股價太貴，小資族買不起，只好買進「含積量」高的 ETF。如今盤中零股交易開放，買進台積電零股很方便，就不一定要買進相關 ETF。

此外，台灣產業以電子為主，故原型 ETF 例如 0050、富邦台50、富邦公司治理、0056，以及近期蓬勃發展的主題式 ETF，如國泰台灣 5G+（00881）、中信關鍵半導體（00891）、富邦台灣半導體（00892）等持股多以電子產業為主，投資人買進時可搭配金融、電信、房地產相關 ETF，或是另外買進金融、電信、民生必需等個股，才不會過度偏重在單一產業上。

搞懂折溢價
抓住短線獲利機會

持有一籃子股票的 ETF，每檔股票所占的權重並不相同，如前面章節所提，0050 前 5 大成分股中，權重最大的是台積電，2021 年 7 月 14 日，台積電占 0050 總淨值的 47.85%，那麼，ETF 的「淨值」又代表什麼意思？

淨值代表ETF真實價值

ETF 本身是基金，但同時可以在股市交易，簡單來講，淨值代表 1 檔 ETF 持有標的的淨資產總和，也可以認為是 ETF 的真實價值。由於 ETF 的成分股權重通常各不相同，所以「淨值」計算也

從計算學科成績了解權重概念

科目	國文	英文	數學	物理	歷史	地球科學	總數
學分	3	2	4	1	1	2	13
分數	77	69	88	65	98	79	－
加權後分數	231	138	352	65	98	158	1,042
總平均＝加權後總分 ÷ 總學分＝ 1,042÷13 ＝ 80.15							

比較複雜。不過，約略可用計算成績的「總平均」來說明。

試想，學生每次段考完成績單上的總平均分數，為何不是把每一科的成績加起來平均就好？因為每個科目的上課時數和學分不一樣，學分越高在總平均的占比（權重）應該要越高才合理。所以要先將每科的成績乘上學分數，加總之後再除以總學分數，才能得到總平均值。

計算 ETF 淨值的原理也相同，先把 ETF 每支持股依照權重算出市值，接著將全部持股的市值加總，加上其他資產，如期貨、現金……後得到總淨值，除以發行單位總數，就可以得到這檔 ETF 的淨值。

或許上面的說明看起來有點「霧煞煞」，其實讀者也不用認真

去搞懂，只需要知道 ETF 的淨值是由全部的成分股所組成即可。那麼要如何增加淨值呢？回到段考的成績單計算，如果想要增加總平均的分數，只要把其中幾科的成績考高一點，總平均自然就會上來了。

　　同理，想提高 ETF 的淨值，只有成分股的股價上漲才辦得到，不過成分股權重高的股票對淨值影響比較大，舉例來說，1 檔 ETF 含有的成分股每天有漲有跌，但是當權重大的股票上漲，淨值上漲的機會也較大。也就是說，大家拼命買 0050，它的淨值並不會上升，但是如果大家用力買台積電，台積電股價上升後自然就會帶動 0050 淨值上漲，因為 0050 的淨值是「總平均」，而台積電就是「科目」。

$ ETF折溢價終會回歸淨值

　　講完淨值之後，接著要來介紹股價和淨值的關係。ETF 是可以當作股票買賣的基金，所以它有一般股票所沒有的「造市商」，負責向基金公司買進 ETF，供股市中的投資人買進；相反地，當投資人在股市大量賣出 ETF 時，造市商也須負責買回並交還給基金公司。

　　ETF 在股市交易時，因為供需會導致股價上下起伏，當股價超過淨值就稱為「溢價」；反之，當股價低於淨值時就是「折價」，淨值和股價間的關係，可分以下項目說明。

❶ 即時淨值

　　在股市交易時間，ETF 成分股的股價會一直波動，並同步影響 ETF 的淨值。所以，基金公司每 15 秒鐘便會在官網公告最新「即時淨值」，以下所討論的淨值，都是指即時淨值。

❷ 溢價

　　假設某檔 ETF 的淨值是 100 元，可是成交價是 105 元，比淨值多 5 元，就是溢價 5%。當發生溢價時，造市商會賣出手中持股，希望把股價壓回淨值附近。可是如果買盤太大，造市商手中的股票都賣光，就會出現大幅溢價的情況。

❸ 折價

　　相反地，當成交價 95 元，比淨值少 5 元，就是折價 5%。此時造市商會從股市買進 ETF，希望把股價拉回淨值附近。可是如果賣壓太大，造市商手中的錢都花完，就會產生大幅折價的情況。

❹ 回歸淨值

　　只要有大幅折溢價的情形就會嚴重影響投資人的權益，主管機

折溢價 1% 以內屬合理範圍

【國內成分證券ETF】-新台幣交易

隔 15 秒自動更新（元，交易單位）

ETF代號/名稱	已發行受益權單位數（註1）	與前日已發行受益單位差異數	成交價	投信或總代理人預估淨值（註2）	預估折溢價幅度（註3）	前一營業日單位淨值（註4）	投信公司網頁連結	資料時間
0050 / 元大台灣50	1,375,000,000	25,000,000	134.35	133.75	0.45%	130.41	投信網頁	2021/08/23-13:45:00
0051 / 元大中型100	10,500,000	0	55.50	55.33	0.31%	54.28	投信網頁	2021/08/23-13:45:00
0052 / 富邦科技	54,500,000	0	120.70	120.83	-0.11%	117.67	投信網頁	2021/08/23-14:40:43
0053 / 元大電子	5,488,000	0	64.75	64.67	0.12%	63.08	投信網頁	2021/08/23-13:45:00
0054 / 元大台商50	6,624,000	0	30.81	30.93	-0.39%	30.23	投信網頁	2021/08/23-13:45:00
0055 / 元大MSCI金融	35,654,000	0	22.30	22.37	-0.31%	22.06	投信網頁	2021/08/23-13:45:00
0056 / 元大高股息	2,596,534,000	17,500,000	32.88	32.75	0.40%	32.19	投信網頁	2021/08/23-13:45:00
0057 / 富邦摩台	4,527,000	0	91.65	92.22	-0.62%	89.99	投信網頁	2021/08/23-14:40:43
006203 / 元大MSCI台灣	10,718,000	0	63.80	63.85	-0.08%	62.32	投信網頁	2021/08/23-13:45:00
006204 / 永豐豐臺灣加權	1,500,000	0	88.95	89.11	-0.18%	87.12	投信網頁	2021/08/23-13:59:55
006208 / 富邦台50	196,040,000	4,000,000	77.05	76.79	0.34%	74.87	投信網頁	2021/08/23-14:40:43

資料來源：證交所
查詢路徑：證交所「基本市況報導網站」（mis.twse.com.tw）→各項專區→ ETF 行情
→集中市場 ETF 單位變動及淨值揭露→【國內成分證券 ETF】台幣交易。

關也不會坐視不理。所以造市商會向投信買股票或是調撥資金，盡快修正折溢價，讓股價回到合理區間。

❺ 合理區間

ETF 在市場買賣，一定會出現折溢價，但是折溢價幅度多少才是合理呢？從證交所的資料可見，各檔 ETF 都控制在 1% 以內。

❻ 套利

當發生折溢價時就會有「套利」的空間，我在《上班族的 ETF

賺錢術：打敗死薪水 提前財務自由》一書中有詳細的說明，敬請參閱。

溢價太高有貨先出 折價太多有錢先買

2021 年 1 月 22 日盤中，國泰台灣 5G+ 因買盤強勁，發生大幅溢價，有網友表示，他工作很忙，又要提心吊膽擔心溢價，一顆心七上八下很辛苦。投資 ETF 需要一直注意有無溢價？可不可以長期持有呢？

❶ 長期投資不用在意偶發狀況

買進 ETF 之前，一定要先了解產業走向與主要成分股的前景。以國泰台灣 5G+ 來說，我個人覺得可以長期持有（其特點將在第 5 章進行說明）。如果打定主意要長期投資，就不用理會偶爾發生的溢價，只要有紀律存股即可。

❷ ETF 體質佳 抱緊處理準沒錯

溢價發生時就會產生套利空間，操作得當便可以賺零用錢，如果錯過操作時點也沒有關係，不會有任何損失。如右圖所示，國泰台灣 5G+ 曾經在 2021 年 1 月 11 日發生大幅溢價，盤中溢價幅度甚至一度來到近 5%，但是隔天股價就回歸淨值，而且隨著淨

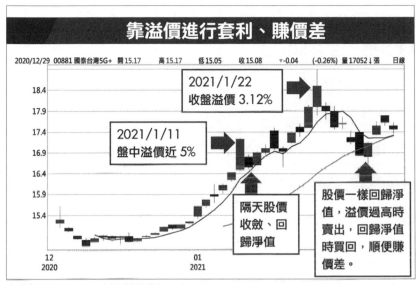

資料來源：CMoney 投資決策系統

值走升，股價也續創新高並超越 1 月 11 日最高價。由此可見，只要是體質良好的 ETF，安穩抱牢即可，不用緊張兮兮一直盯著看有沒有溢價。

　　國泰台灣 5G+ 在 2020 年 11 月中募集（IPO）時，我參與認購了 200 張，接著，股票在同年 12 月 10 上市。2021 年 1 月 11 日因為買盤湧進，溢價幅度飆漲近 5%，發行商國泰投信隨即發出示警，建議投資人不要過度追價，並留意官網上的「即時折溢價」訊息。

接著說明如何在溢價時賺價差，我的操作流程如下：

❶ 溢價太高 有貨快出

因為價格高過價值，所以 2021 年 1 月 11 日我出清手中股票，當天收盤價是 17.23 元。

1 月 11 日當天，國泰投信公開示警，表示公司不會坐視股價偏離合理價格，會請造市商採取行動，讓股價回歸到淨值。

❷ 跌到淨值時買回

隔天（1 月 12 日）開盤後，股價迅速回到淨值附近，收盤價是 16.55 元，我也將國泰台灣 5G+ 買回。

❸ 賺價差

17.23 元賣出，16.55 元買回，1 股賺進 0.68 元價差。但是賣出和買回，每次要負擔 0.1425% 手續費（電子下單另有折扣），賣出時更要繳交 0.1% 證交稅（一般股票為 0.3%），所以扣掉相關稅費之後，0.68 元的價差大概只剩下 0.62 元，也就是 1 張股票賺到 620 元，看似不多，但是乘上 200 張就是 12.4 萬元。

❹ 增加張數

在大幅溢價當天先賣出，隔天回到淨值再買回就賺到 12.4 萬元！12.4 萬元可以吃很多牛排，當然也可以買很多股票，如果把

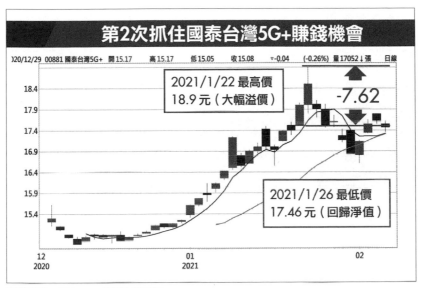

資料來源：CMoney 投資決策系統

這些錢拿來買國泰台灣 5G+，用 16.55 元計算可以買進 7 張多，200 張馬上變成 207 張。由此可見，了解折溢價原理並順勢賺價差，可以加快存股的速度。

2021 年 1 月 22 日盤中，我發現國泰台灣 5G+ 又出現大幅溢價，秉持「溢價太高，有貨快出」的原則，我在 18.6 元附近出清；接著在下一個交易日 1 月 25 日開盤時，我查了國泰台灣 5G+ 的即時淨值是 17.9 元，就逐步將賣出的股票買回來，扣掉稅費，1 股約賺 0.6 元。

　　國泰台灣 5G+ 在 2021 年 1 月出現 2 次大幅溢價,我也跟著操作 2 次,賺到不少價差。剛上市的 ETF 因為籌碼供需問題,有時候會出現大幅溢價的情況,投資人若能了解、利用這現象,就可避免在溢價時買進並藉此獲利。

　　讀者或許會疑惑,究竟折溢價幅度要達多少才適合做價差?其實前面已經提過,投信會努力將折溢價控制在 1% 內,因此超過 3% 的情況很少發生,當折溢價超過 3% 時,我會毫不猶豫執行「溢價太高,有貨先出;折價太多,有錢先買。」

留意ETF下市清算風險

　　基金公司發行 ETF,主要目的是收取經理費等費用,一旦 ETF 的規模太小,經理費收入不夠,基金公司入不敷出,就會考慮讓它下市,用淨值結算給投資人。從前述可知,ETF 下市和一般股票倒閉是不同的,股票倒閉是公司虧光資產,投資人血本無歸。

　　以下簡述 ETF 下市的規模門檻:❶ 追蹤股票及債券的證券信託 ETF,通常以 1 億元或 2 億元為標準,期貨 ETF 則大多為 5 千萬元。❷ 期貨 ETF 除規模過小會下市清算外,若最近 30 個營業日的平均單位淨值(NAV),較其最初單位淨值累積跌幅達 90%,

也會觸及下市清算門檻。

假設某期貨 ETF 發行價格為每單位 20 元，近 30 個營業日平均單位淨值如低於 2 元即達門檻，而先前遭清算的元大 S&P 原油正 2 與期富邦 VIX（00677U）即是因為跌破清算門檻遭下市。各檔 ETF 下市門檻不盡相同，請詳閱公開說明書。

第一篇
建立基本觀念

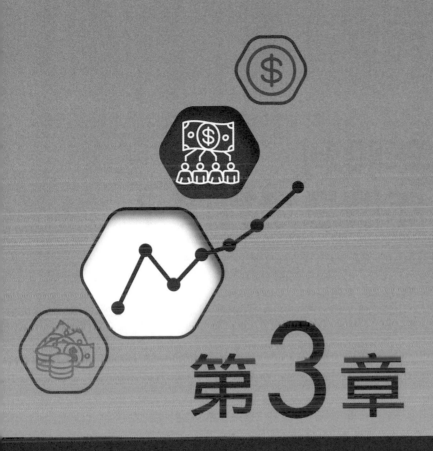

第3章

領息還是賺價差？
1招搶得致富先機

3-1

賺1年股利
等4年填息划算嗎？

投資股票領股利，表面看起來似乎很不錯，但是股利和銀行定存的利息還是有很大的不同。銀行利息是穩賺的收入，因為你的本金不會減少；股票的股利則不是，你有可能領到股利卻賠上價差，畢竟沒有穩賺不賠的股票。原型 ETF 也一樣，不會只漲不跌，可惜多數投資人並未釐清兩者的差異，一看到不錯的股利，就戴著鋼盔拼命往前衝，下場往往是賠了夫人又折兵。

賺股利、賠價差 得不償失

2021 年 1 月初，第一金工業 30（00728）宣布將配息 1.9

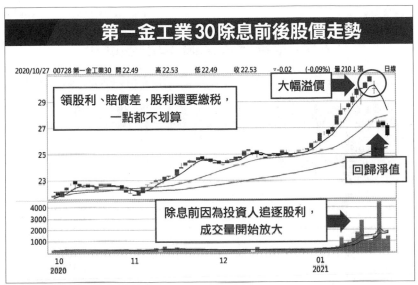

資料來源：CMoney 投資決策系統

元，以當時的股價換算，殖利率高達 6%。消息一出，馬上吸引投資人關愛的眼神，成交量連日放大，導致第一金工業 30 出現大幅度溢價，到了 1 月 21 日除息當天，剛好又碰上台股飆漲，收盤時溢價幅度高達 9.7%，然而除息隔天又一口氣跳跌 8.7%，急速向淨值靠攏。當初追逐股利，在大幅溢價時買進的投資人，無不受重傷。

　　從下頁表中統計數據可以看出，除息前該檔 ETF 的溢價幅度逐步增加，因為想要領取 1.9 元現金股利的買盤蜂擁而至，一步一

2021年第一金工業30溢價狀況

日期	淨值（元）	市價（元）	溢價（%）	說明
1/13	28.64	28.81	0.6	
1/14	28.32	29.3	3.5	
1/15	28	29.9	6.8	除息前開始大幅溢價
1/18	27.92	29.96	7.3	
1/19	28.59	30.37	6.2	
1/20	28.36	30.82	8.7	
1/21	27.27	29.92	9.7	除息日
1/22	26.97	27.32	1.3	
1/25	26.86	27.12	1	除息後回歸淨值
1/26	26.25	26.37	0.5	

資料來源：CMoney

步推升股價遠離淨值。但是除息後，高股利的誘因已經消失，股價直接被打回原形。

這就是標準的「領到股利，賠上價差」，假設某位投資人在1月20日用30.82元買進第一金工業30，儘管除息後領到1.9元的現金股利，可是到了1月26日股價卻只剩下26.37元，也就是賠了4.45元的價差！為了1.9元的股利，賠上4.45元價差，而且股利還要繳所得稅和健保補充保費，這樣划算嗎？

雖然說第一金工業 30 是原型 ETF，萬一被套牢也可以安穩領息，但是該檔 ETF 從 2019 ～ 2021 這 3 年間，總共也才發放了 3.76 元現金股利，平均 1 年的股利才 1.25 元，要領 4 年的股利才能夠彌補 4.45 元的價差，實在是非常不划算！

股海在走，知識真的要有，不然你只會是別人的提款機。有做功課、了解折溢價的投資人，會在大幅溢價時賣出 ETF，但是不了解的人反而是拼命買進，最後還賠掉辛苦賺來的錢。就算你撐著不賣，等到終有一天填息了，報酬率有比較高嗎？有的股票沒有發放股利，但是股價一直漲不停，會不會是更好的選擇呢？

3-2
小孩才做選擇
價差、股利我都要

如果只是單純存股票、領股利，就必須考慮稅負問題。由於股利被政府認定為「所得」，所以投資人須將股利併入個人所得，合併申報所得稅；而高所得人士則可以選擇股利分離課稅，目前稅率為 28%。

⑤ 半年配、季配息 可少繳健保補充保費

除了所得稅之外，目前只要單筆股利超過 2 萬元，就要繳交健保補充保費，以下用虛擬的「不敗教主股份有限公司」的股利發放來舉例說明。

股利發放範例

股東姓名	不敗教主
股東戶號	123456789
每股股利	4.5 元
基準日持有股數	5,000 股
應發股利	22,500 元
補充保費	475 元
匯費	10 元
實發股利	22,015 元

❶ 應發股利＝基準日持有股數 × 每股股利（5,000×4.5 ＝ 22,500）。因為單筆股利超過 2 萬元課徵門檻，須繳交 2.11% 補充保費。

❷ 補充保費＝ 22,500 ×2.11% ＝ 475 元

❸ 匯費：銀行收取 10 元的手續費

❹ 實發股利＝ 22,500 － 475 － 10 ＝ 22,015 元

　　補充保費和所得稅一樣，就算是領到股利、賠上價差，還是要繳交，那麼有沒有合法節稅的方法呢？由於目前的課徵門檻是「單筆達 2 萬元（含）以上」，如果「不敗教主股份有限公司」

改成半年配息,每次只領到 11,250 元的股利,因為低於門檻,1 年就可以省下 475 元的補充保費。所以,選擇半年配、季配息的股票,具有少繳補充保費的優勢。

投資人也可以將股票分給家人,假設我有 99 張中信金股票,2020 年領到 9.9 萬元股利,就要繳 1,891 元補充保費(註:2021 年之前健保補充保費費率為 1.91%);但是如果將股票平均分配給 5 個家人,每個人只領到 1.98 萬元股利,低於 2 萬元的門檻,就不用繳交補充保費。但是所得稅是用年度來結算的,所以半年配、季配息的股票並沒有優勢。

投資是要賺錢 選賺最多的策略就對了

什麼是資本利得?簡單來說就是以低買高賣的方式,賺取價差來獲得投資報酬。投資股票的目的就是賺錢,所以不要拘泥於領股利還是賺價差,哪個好賺就選它!由於台灣目前沒有課徵證券交易所得稅(資本利得稅),資本利得(價差)和股利相比,反而具有稅負上的優勢,非常適合高稅率的投資人。

有些 ETF 並沒有配息,投資人往往會有疑問,股利到底跑去

哪裡？是不是被基金經理人「歪哥」走了？其實不是這樣，拿股神巴菲特的波克夏公司為例，大家都知道股神很會賺錢，卻不一定知道波克夏從來都沒有配息。為什麼不配息？當然是因為「所得稅」。

假設波克夏發放 100 億美元的股利給股神，最高興的可不是巴菲特，反而是美國國稅局，因為政府可以拿到幾十億美元的所得稅。股神最廣為人知的是「雪球投資術」，也就是將領到的股利持續拿來投資，可是若被國稅局占便宜，可以投資的股利變少了，滾雪球的速度也會跟著變慢！

選擇不配息，就不用繳所得稅！於是波克夏保留了所有盈餘，不配發給投資人，並持續買進其他好股票，公司的規模和淨值就會不斷成長，股價當然也跟著持續上漲。

從下頁圖可以看出，波克夏 A 股（美股代號：BRK.A）的股價從 1990 年代的 1 股 7,000 美元，大漲到 2021 年 10 月底已逾 43 萬美元。儘管巴菲特 1 毛股利都沒拿到，每股卻賺到超過 42 萬美元的價差，而且還不用繳稅喔！所以，投資股票並不一定要執著領股利，賺資本利得（價差）也可以考慮，重點是哪個賺得比較多！

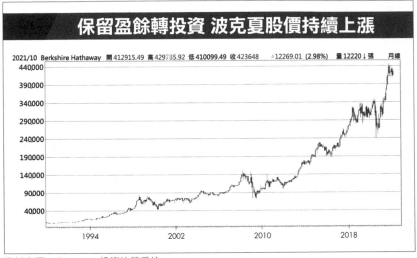

資料來源：CMoney 投資決策系統

$ 成分股具成長性 才是報酬率保證

和波克夏一樣，原型 ETF 包含數十檔成分股，當然會領到成分股的配息，所以理論上應該要配息給投資人，但是因為稅費的考量，投資海外的 ETF 幾乎很少配息，這樣會影響報酬率嗎？

下面拿沒有配息的中信中國 50（00752）和 0056 做比較，因為看好「宅經濟」題材，所以我預計長期投資中信中國 50，不過它並沒有配息給投資人，而是選擇將股息持續拿去投資。

中信中國 50 是在 2018 年底上市，編寫本書時只能抓到 2 年多的數據，列表於下。

不配息報酬率勝過高股息

報酬比較	元大高股息（0056）	中信中國 50（00752）
2019/1/2 股價（元）	23.83	20.05
2021/2/5 股價（元）	30.55	33.91
價差（元）	6.72	13.86
2019 年現金股利（元）	1.8	0
2020 年現金股利（元）	1.6	0
價差＋現金股利（元）	10.12	13.86
報酬率（%）	42.47	69.13
說明	高股息	不配息

資料來源：CMoney

由此可知，評估股票的投資報酬率，必須同時統計價差和股利：

❶ 股利

0056 在 2019 年和 2020 年共拿到 3.4 元現金股利，贏過不配息的中信中國 50。

❷ 價差

中信中國 50 在 2019 年到 2021 年賺到的價差是 13.86 元，大勝 0056 的 6.72 元。

❸ 報酬率

累計股利和價差，0056 報酬率是 42.47%，而中信中國 50 卻

高達 69.13%，是 0056 的 1.63 倍。

每年第 1 季剛好都會碰上農曆春節，此時，騰訊、阿里巴巴、美團、京東等中信中國 50 的成分股將受惠於龐大消費潮，順勢帶動中信中國 50 股價上漲。上頁表統計到 2021 年春節前，其報酬率大幅超車 0056，就是受惠春節旺季效應。

2020 年下半年，我在臉書粉絲團分享定期定額買進中信中國 50 的實驗，就是在預先布局，考量春節旺季後接著就是淡季，股價會提前反映，所以我在 2021 年 2 月農曆春節前出脫，賺到不

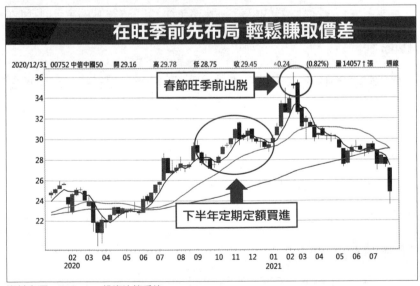

資料來源：CMoney 投資決策系統

少價差。

投資股票的目的是「賺錢」，但是從 0056 和中信中國 50 的例子可見，高股息不一定賺更多這個殘酷的事實，因為高股息 ETF 都是挑選獲利、配息穩定的成分股，所以資本利得的空間比較小。

反觀中信中國 50 挑選的世界級大企業，不論是騰訊、阿里巴巴、美團等受惠新冠肺炎疫情帶動的商機，或者是蔚來汽車跟上了電動車的新潮流，都讓這些公司的股價在 2020 年大漲一波，

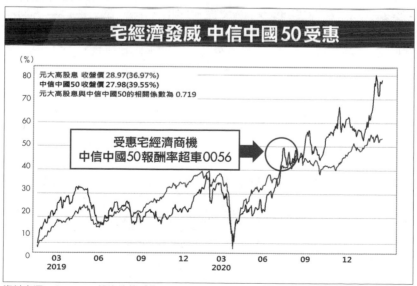

資料來源：CMoney 投資決策系統

也帶動中信中國 50 的表現，報酬率超車 0056。

投資 ETF 最重要的關鍵是成分股的未來成長力，「高股息」的設定雖然立意良善，卻可能是一道枷鎖，限制了選擇成分股的條件。年輕時，我為了穩定的收入，選擇當公立學校教師，可是調薪的空間不大。很多人都想要當公務員，偏偏「最多人喜歡的，不一定是最好的」，投資股票也是一樣的道理。

投資人必須深入了解股利和資本利得的差別，高股息並非唯一的選擇標準。2021 年初，0056 的規模超過 600 億元，反觀中信中國 50，因為沒有配息，得不到投資人的關愛眼神，規模不足 30 億元，不到 0056 的 20 分之 1。但是，同期間中信中國 50 的報酬率卻是 0056 的 1.63 倍，如果單獨押 1 檔 0056 就有可能少賺很多。

儘管 ETF 已經分散到數十檔成分股，但是每檔 ETF 的主題仍有些不同，0056 重視高股利，中信中國 50 則是長期投資賺取資本利得。小孩子才做選擇，同時投資「股利」和「資本利得」的 ETF，同步持有台灣和中國的好企業，才能夠做好資產配置。

紀律投資
小錢也能滾出大財富

想要長期存 ETF，建議挑選具有成長潛力的標的，例如 0050 從成立時的 30 多元，到 2021 年大漲超過 140 元。而現在 30 多元的中信中國 50，當然也有機會和 0050 一樣，因為這 2 檔 ETF 都是用「市值」來選擇成分股，而且中信中國 50 還有電商、宅經濟、電動車等未來題材，儘管 2021 年因為「共同富裕」政策導致其股價重挫，但也提供低價的好時機。

但是 0056 呢？ 2021 年 4 月，大盤來到 1 萬 7,700 點，0056 股價最高卻只有 36 元，除息後還跌破 31 元。除了成分股缺乏成長力之外，每年配發的高配息，也讓它的股價在除息後持續修

正一段時間！因此，長期抱著 0056 不賣，除了每年領約 5% 的股利，幾乎很難有資本利得的空間。

對於一般的小資族來說，就算存到 100 張 0056，每年頂多領 10 幾萬元的股利，平均 1 個月也才 1 萬多元，還是無法改變未來。0056 的優點是穩定，就算被套牢，大不了領股利，所以我反而會積極做價差。

人取我棄、人棄我取 聰明賺價差

我在《我用 1 檔 ETF 存自己的 18%》一書中，介紹了幾種 0056 做價差的方式，其中最好用的 1 招就是「人取我棄、人棄我取」。看看下頁圖，0056 在 2020 年 10 月 28 日除息 1.6 元，前一天收盤價是 29.69 元，接著，除息後開始貼息，最低點是 27.6 元，參與除息的投資人都賠錢了。

每年除息前，0056 的股價都會在相對高點。此時，聰明的投資人反而要「人取我棄」，在高點出脫、不參加除息。根據過去的經驗，0056 在除息後幾乎都有貼息走勢，因為已經除完息、買盤縮手股價失去支撐，這時反而要「人棄我取」，在低點將股票買回來。

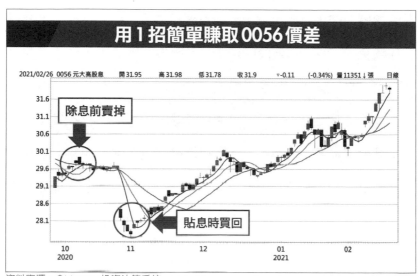

資料來源：CMoney 投資決策系統

　　投資高股息 ETF，「便宜」是一個重點，而除息後貼息就是撿便宜的好時機！若投資人在貼息後 28 元附近買進，一直放到 2021 年 4 月約 36 元賣出，價差可賺進 8 元，報酬率為 28.6%，是不是超過抱股領 5% ～ 6% 的股利呢？所以，高股息的 ETF 我反而會積極賺價差，不會呆呆地抱著存股。

　　這一章我們討論了股利和資本利得對報酬率的影響，投資 ETF 最重要的還是觀察其成分股。如果成分股具有成長潛力，例如 0050、國泰美國道瓊和中信中國 50，就可以採取「定期定額＋

逢低加碼」的策略來長期持有。反觀高股息 ETF，因為資本利得的空間有限，我會以波段操作賺價差來增加報酬率，而不是抱著領股利，更何況領股利還得繳稅。

　　在前面 3 個章節建立了 ETF 的基本概念後，從第 4 章開始，我將針對這本書的主題——近期國內很夯的各種主題式 ETF 進行深入剖析，大家熟讀、了解之後，找出適合自己的投資標的及方法，有紀律地執行，從小錢開始賺起，小資族也能翻身致富！

NOTE:

第二篇
台股主題式ETF

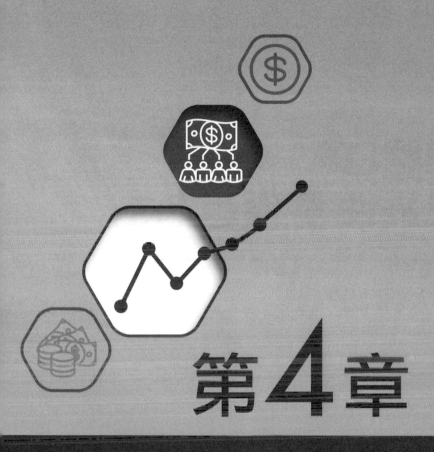

第4章

掌握大趨勢
科技錢潮強強滾

半導體ETF
具成長性 賺價差為主

我出生在民國 50 年代，當時台灣大多是農村型態，但是隨著經濟與科技的進步，家裡開始出現冰箱、彩色電視、桌上型電腦、筆記型電腦、平板、手機、智慧型手錶……

日常生活也便利不少，有了悠遊卡，去超商、搭捷運「嗶」一下就可以付費；2020 年肺炎疫情蔓延，大家藉由網路在家上班和上課；路上的車子已經可以自動駕駛；移民火星也成為討論的話題。除非再回到農村時代，不然我們已經離不開「半導體」。

過去的半個世紀，科技引領生活不斷進步，當中最大的推手就是半導體，觀察其未來發展，下列各領域的應用尤其值得關注！

領域❶ 物聯網（IoT）

第 5 代行動通訊（5G）、人工智慧（AI）、雲端運算、工業自動化、自駕車，「萬物連網」不斷推動半導體的需求與成長。

領域❷ 自動駕駛車

1980 年代，電子零組件約占汽車製造成本的 10%，如今已上升至約 40%。2021 年因為車用晶片供給短缺，嚴重影響汽車業

的生產計劃。

領域❸ AI 和 5G

將機器加上 AI（人工智慧），例如自動駕駛車、機器人……使其具備和人類一樣的思考邏輯和行為模式，透過自動學習來增加性能與安全性。5G 具備高速率、低延遲的優點，更是萬物聯網的根本，可以實現智慧工廠、智慧城市、自駕車等新應用。

領域❹ 智慧型手機

螢幕更大、速度更快、功能更強，是目前手機進化的方向，也因此帶動處理器和記憶體晶片的驚人需求與成長。

上述這些新科技都離不開半導體，而台灣的半導體產業在全球占有舉足輕重的地位，例如晶圓代工和封裝測試是世界第一、IC 設計排名第二。

❶ IC 設計

負責設計電路圖，開發與規劃晶片的功能，相關廠商有：聯發科（2454）、聯詠（3034）、瑞昱（2379）……這些公司通常都沒有自己的生產工廠。

❷ 晶圓代工

幫 IC 設計公司製造晶片，例如台積電（2330）、聯電

（2303）、世界（5347）……晶圓代工必須負擔高階製程研發，除了製程上的技術突破，生產良率才是最大的關鍵。

❸ 封裝測試

晶圓代工廠製作出來的晶片，需在外面裝上絕緣的塑膠體或陶瓷外殼（封裝），最後進行晶片測試，將不良品淘汰。

科技要持續發展就離不開半導體，但是相關公司多如牛毛，專業技術又如「奈米」般艱澀難懂，看著股價驚驚漲，想追又有點怕怕的，投資人要如何參與半導體的未來呢？

2021 年 5 月，台灣發行 2 檔半導體 ETF，下表列出兩者差異。

2 檔半導體 ETF 比較

項目	中信關鍵半導體（00891）	富邦台灣半導體（00892）
追蹤指數	ICE FactSet 台灣 ESG 永續關鍵半導體指數	ICE FactSet 台灣核心半導體指數
持股	30 檔	30 檔
權重限制	個股權重 ≤ 20%，前 5 大 ≤ 65%	第 1 大 ≤ 25%，其餘 ≤ 6%
強調指標	ESG	GPA
配息頻率	季配息	半年配
指數調整	每季	每半年

資料來源：富邦、中信投信

💲 中信關鍵半導體：將ESG納入選股流程

　中信關鍵半導體（00891）在 2021 年 5 月 28 日掛牌上市，其特點是將 ESG（Environmental 環境、Social 社會、Governance 公司治理）納入篩選流程，ESG 風險分數可以當作企業是否展現社會責任、保護環境的參考指標，而且分數越低越好。以 2020 年 2 月底疫情爆發初期台股劇烈震盪為例，據彭博統計，2020 年 3 月期間 ESG 風險程度較低的企業，跌幅相對減少 4%。

　從右表可見中信關鍵半導體的前 10 大成分股，第 1 大是聯發科，總計前 3 大占 47.59%，前 5 大占 59.5%，可看出指數偏重在前幾大成分股！

中信關鍵半導體小檔案

代號	標的指數	經理費	保管費	收益分配	漲跌幅限制
00891	ICE FactSet 台灣 ESG 永續 關鍵半導體 指數	0.4%	0.035%	季配	10%

資料來源：中信投信

中信關鍵半導體成分股篩選條件

❶ 台灣上市櫃股票中的半導體產業為母體（營收來源須超過50%於半導體相關業務）。

❷ 挑出符合一定市值、流動性的公司。

❸ 加入「股息率>0」或「ROIC（投資資本回報率）>0」的條件。

❹ 剔除ESG風險分數>40分的企業。

❺ 根據市值排序挑選前30大成分股，再依照市值大小做權重分配。

資料來源：中信投信

中信關鍵半導體前10大成分股

股票名稱	代號	權重（%）	合計（%）		
聯發科	2454	18.57	47.59	59.5	76.72
台積電	2330	18.3			
聯電	2303	10.72			
日月光投控	3711	6.41			
矽力-KY	6415	5.5			
聯詠	3034	5.15			
瑞昱	2379	4.37			
環球晶	6488	3.31			
穩懋	3105	2.25			
譜瑞-KY	4966	2.14			

資料來源：中信投信、統計時間至 2021/7/16

富邦台灣半導體：成分股都很會賺錢

富邦台灣半導體（00892）瞄準全球晶片需求熱潮，截至 2021
年 3 月底，指數市值涵蓋率占台灣半導體產業超過 9 成！

富邦台灣半導體小檔案

代號	標的指數	經理費	保管費	收益分配	漲跌幅限制
00892	ICE FactSet 台灣核心 半導體指數	0.4%	0.035%	半年配	10%

資料來源：富邦投信

富邦台灣半導體成分股篩選條件

❶ 以台灣上市上櫃公司為母體，進行市值及流動性篩選。

❷ 以FactSet產業分類系統挑選出半導體產業相關公司。

❸ 按GPA分數由高至低排序。

　　GPA＝營業毛利÷總資產（營業毛利＝營業收入－銷貨成本）

❹ 依股票自由流通市值作為權重計算標準。

資料來源：富邦投信

台灣核心半導體指數 賺錢效益超越大盤

項目	指數	公司獲利指標 GPA
半導體相關	台灣核心半導體指數	0.31
大盤指標	加權指數	0.16
	上市、櫃	0.16
	上市、櫃電子	0.18
	上市半導體	0.2
	上市、櫃半導體	0.21

資料來源：CMoney

　　GPA 是其重要選股指標，並以此做為排序標準。GPA 代表 1 家公司用總資產可賺到多少錢，GPA 越高表示賺錢效益越高，從上表可見，2019 年「台灣核心半導體指數」的 GPA 遠勝大盤。

　　此外，強調「公司治理」也是富邦台灣半導體的重點，其指數成分公司的治理評鑑級距，有不少是位於前 5%。

　　富邦台灣半導體包含 30 檔成分股，第 1 大成分股台積電的權重不超過 25%，比較特別的是，其餘成分股權重皆不超過 6%，目的是做好分散，避免前幾大持股權重太高，稀釋其他成分股的權重，從下頁表可以看出，其分散性確實優於中信關鍵半導體。

富邦台灣半導體前 10 大成分股

股票名稱	代號	權重（%）	合計（%）		
台積電	2330	22.71			
環球晶	6488	6.33	35.21		
瑞昱	2379	6.17		46.57	
穩懋	3105	5.75			
聯電	2303	5.61			71.51
聯發科	2454	5.55			
譜瑞-KY	4966	5.38			
世界	5347	4.71			
中美晶	5483	4.68			
聯詠	3034	4.62			

資料來源：富邦投信、統計時間至 2021/7/16

殖利率為輔 價值成長為主

上述 2 檔 ETF，中信關鍵半導體採「季配息」，富邦台灣半導體採「半年配」。但我認為，投資半導體還是以賺取股價的成長為主，股利只是輔助。2018 ～ 2020 年，台積電、聯發科的平均殖利率分別為 2.98%、2.75%，有可能拉低 2 檔 ETF 的殖利率。

就寫稿時已公告的資料，季配息的中信關鍵半導體已於 2021 年 8 月 17 日、11 月 16 日分別配發 0.25 元和 0.3 元，半年配的富邦台灣半導體則是於 2021 年 11 月 16 日首次配發 0.49 元，2

檔 ETF 的殖利率在伯仲之間。

公司配息時，銀行會收取 10 元匯費（各家公司不盡相同），網友問：「季配息 1 年要被收取 4 次匯費，半年配似乎比較好？」以中信關鍵半導體第 1 次配息 0.25 元為例，1 張配發 250 元，10 元匯費占成本比例為 4%，似乎高了一點；不過如果持有 10 張，匯費成本就降到 0.4%。因此，若你是持有零股的小資族，就要考慮匯費成本，選擇年配、半年配的會比較划算。我的建議是，盡量增加持有張數，匯費的成本比例自然就會降低。

台灣的 ETF 如雨後春筍般不斷地冒出，造成投資人混淆和困擾，一樣持有台積電、聯發科、聯電……的國泰台灣 5G+（00881）和半導體 ETF 究竟差別在哪裡？從產業分布來看，前者屬於 5G 的主題型 ETF，半導體產業只占約 6 成，其他 4 成則分散在各產業；而半導體 ETF 則是 100% 投資在半導體產業。

由於 IC 代工為 3 檔 ETF 的重要布局領域，因此都持有台積電、聯電、世界。其中，富邦台灣半導體相對集中於 IC 產業的上、中游，包括設計及代工、製造，下游的封測及通路則較中信關鍵半導體還要少，主因在於下游毛利較低而遭到排除，這也符合富邦台灣半導體以 GPA 分數做為排序、篩選成分股的原則。

相較半導體 ETF 來說，國泰台灣 5G+ 不論是 IC 製造及相關材料或封測、設計的比重皆較少，反而突出的是電子製造服務（EMS）代工製造，其最具代表的成分股為鴻海（2317），雖然它並非半導體產業，但身為電子代工龍頭，它與 5G 技術發展密不可分。

3 檔科技型 ETF 產業權重比較

單位：%

項目	中信關鍵半導體（00891）	富邦台灣半導體（00892）	國泰台灣 5G+（00881）
IC 設計	41.38	39.27	21.07
IC 代工	33.14	39.66	36.99
IC 製造及相關材料	9.7	12.03	1.35
IC 封測	10.96	6.01	0.92
IC 通路	1.78	0.91	0.92
儀器設備工程	—	0.73	0.92
EMS 代工製造	—	—	14.98
NB 代工	—	—	5.42
PCB 製造	—	—	4.52
電信服務	—	—	3.95
光學鏡片	—	—	2.67
網通	—	—	2.14
其他電子零件	0.38	—	2.29
其他及現金	2.66	1.39	1.86

資料時間：截至 2021/7/16

電動車ETF
掌握投資題材再入手

傳統燃油車排放二氧化碳，造成全球暖化加劇，世界各國在看到其嚴重性後，陸續宣布禁限燃油車，並提出電動車補助等政策。

根據彭博預估，到了 2040 年每賣出 10 輛新車，就有 6 輛是電動車。隨著科技發展，電動車的充電時間、行駛距離、性價比、充電設施、電池安全性等問題逐一被克服，電動車會不會是投資界的新藍海呢？

根據資料顯示，電動車產業 2020 ～ 2030 年的銷售量將成長 11.4 倍，達 3,110 萬輛，滲透率則成長 11.5 倍，至於投資額，

各國電動車政策

荷蘭
- 禁售燃油車
- 購買電動車補助4,500美元

2025 年

挪威
- 禁售燃油車
- 免徵增值稅

英國
- 禁售燃油車
- 購買電動車補助3,800美元

2030 年

德國
- 禁售燃油車
- 購買電動車補助3,200美元

台灣
- 公務車及公車電動化
- 免牌照及燃料稅

美國
- 加州禁售燃油車
- 購買電動車補助7,500美元

2035 年

中國
- 預計新車年銷量占比50%為節能車、50%為新能源車
- 購買電動車補助3,200美元

日本
- 禁售燃油車
- 購買電動車補助3,700美元

2040 年

法國
- 禁售燃油車
- 購買電動車補助13,500美元

資料來源：國泰投信

電動車產業趨勢預估

2.5兆 美元
投資額：
2030年全球電動車產業投資額預估逾2.5兆美元，整體產值達1.3兆美元。

成長 **11.4倍**
銷售量：
2020～2030年全球電動車銷量預估從250萬輛增加至3,110萬輛，CAGR達2.9%。

成長 **11.5倍**
滲透率：
2020～2030年全球電動車滲透率預估從4%增加至50%。

資料來源：國泰投信

估計到 2030 年全球電動車產業投資額將逾 2.5 兆美元，整體產值達 1.3 兆美元。

目前，電動車自動駕駛的技術發展可以分為 5 個級別：

級別❶

入門的自動駕駛系統，具有一種或多種自動化控制功能，例如

前方碰撞預警（FCW）、電子穩定程式（ESP）或防鎖煞車系統（ABS）、車道偏移警示（LDW）……不過，此階段仍須依賴駕駛對道路狀況進行判斷與操作。

級別❷

同時具備轉向、自動加速、減速、煞車、自動停車等功能，但是駕駛仍有主導權，可以隨時介入操作，目前大多數的自動駕駛系統皆為此級別。

級別❸

特點是具備「偵測環境」的能力，能結合衛星定位，自動判斷週遭環境變化，車輛可完成部分駕駛任務，適用在路況較單純的高速公路上，是目前（2021 年）市售車中最高的自動駕駛級別。

級別❹

也稱為「有方向盤的無人駕駛」，在狀況良好的道路與市區裡，具全自動駕駛的能力，但須駕駛在旁監控並協助排除路況。

級別❺

屬於「完全自動駕駛」，車內不會有「方向盤」，乘客不需要控制車輛，上車後可以睡覺或享受影音娛樂。

根據環球透視（IHS Global Insight,GS Research）公布的研

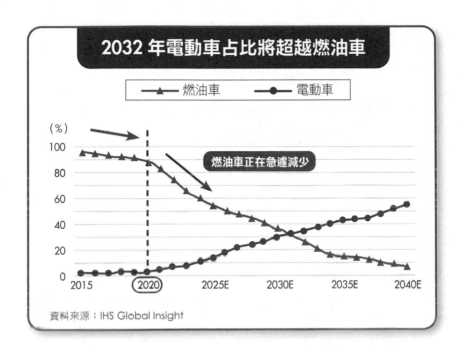

2032 年電動車占比將超越燃油車

▲ 燃油車　　● 電動車

（%）

燃油車正在急遽減少

資料來源：IHS Global Insight

究顯示，燃油車減少的速度正在加快，純電動車的占比將在 2031 年與燃油車達到黃金交叉。接下來介紹國內 2 檔與電動車相關的主題型 ETF。

$ 國泰智能電動車：聚焦於相關供應鏈

看好電動車產業長期的成長潛力與商機，國泰投信率先推出國泰智能電動車（00893），它不僅是國內第 1 檔，也是全球唯一「高純度」、鎖定電動車供應鏈的 ETF。

商機❶ 捕捉特斯拉供應鏈

包含晶片與軟體、零組件、電池、汽車製造，相關廠商如下：車用半導體有意法半導體（STMicro）、恩智浦（NXP）、英飛凌（Infineon）；主被動安全系統有美安（Autoliv）；車載智能系統有鏡泰（Gentex）；汽車製造有特斯拉（Tesla）；充電樁有台達電（2308）；電動車電池有樂金化學（LG Chem）、松下（Panasonic）；以及智能座艙的安道拓（Adient）……

商機❷ 「中國三劍客」銷量看俏

中國市場每年銷售約 3,000 萬輛新車，蔚來、小鵬、理想的銷量逐月攀升，預計 2021 年總銷量有望成長 60%。

商機❸ 電動車普及化

伴隨動力電池成本下降以及能量密度提升，可以預見電動車的滲透率將同步成長，有望帶動相關供應鏈需求大增。預估 2018 ～ 2025 年動力電池裝機量將增長 9 倍，2019 ～ 2030 年全球充電站數量成長空間近 20 倍，2020 ～ 2027 年全球電動車充電站設施規模複合年均成長率為 33.4%。

商機❹ 人機互動

智能座艙需要電子後視鏡、智能音箱、抬頭顯示器、全液晶儀

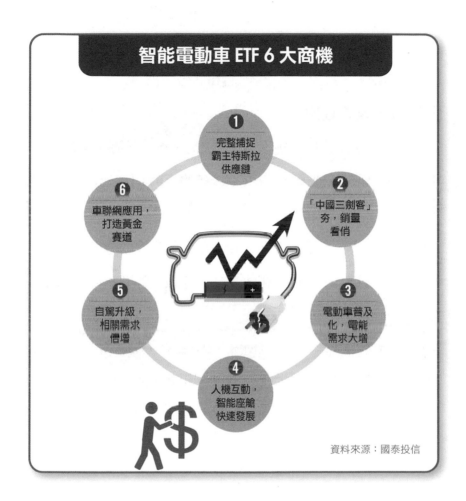

智能電動車 ETF 6 大商機

① 完整捕捉霸主特斯拉供應鏈

② 「中國三劍客」夯，銷量看俏

③ 電動車普及化，電能需求大增

④ 人機互動，智能座艙快速發展

⑤ 自駕升級，相關需求倍增

⑥ 車聯網應用，打造黃金賽道

資料來源：國泰投信

表板、車聯網模組等設備，價格是傳統座艙的 3 倍以上。

商機⑤ 自駕升級

目前主流車商處於 Level 2、Level 3，亦即前述級別 2、3 的量產階段，但隨著自駕級別不斷提升，所需計算晶片、車載鏡頭、

毫米波雷達等需求倍增，可望帶動自動駕駛市場規模快速發展，預估從 2020 ～ 2030 年，規模成長逾 3 倍。

商機❻ 車聯網運用

包含車用能源、物流運輸、智慧交通、城市管理，全球汽車電子與車聯網市場規模，將從 2023 年的 4,511 億美元，跳升到 2030 年的 8,000 億美元。

國泰智能電動車追蹤「ICE FactSet 全球智能電動車指數」，特點是聚焦在智能電動車供應鏈，因為是投資海外企業，所以沒有漲跌幅度限制，也沒有發放股利。

根據指數編製公司 ICE Data Indices 於 2021 年 7 月 30 日的資料顯示，ICE FactSet 全球智能電動車指數完整布局電動車上、中、下游產業，包含電池材料的供應商、次世代汽車技術、零組件技術、電池技術、電動車製造商。

國泰智能電動車小檔案

代號	標的指數	經理費	保管費	收益分配	漲跌幅限制
00893	ICE FactSet 全球智能電動車指數	0.9%	0.2%	無	無

資料來源：國泰投信

國泰智能電動車成分股涵蓋 10 個國家,可一次掌握 30 家全球智能電動車企業巨頭,下頁表列出其主要成分股的產業分類與權重占比。其中,第 1 大持股輝達(Nvidia),獨立顯卡市占率逾 80%,位居全球第 1;而第 2 大持股特斯拉則是全球電動車產業的領頭羊。

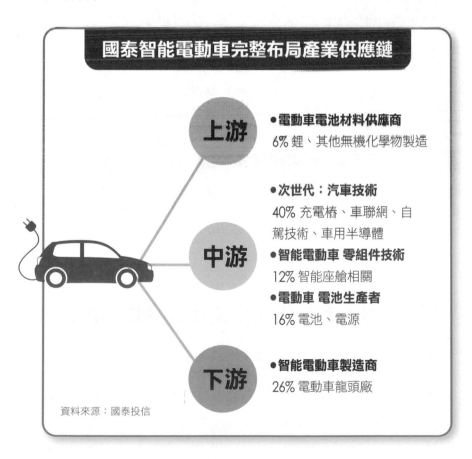

國泰智能電動車完整布局產業供應鏈

上游
- 電動車電池材料供應商
  6% 鋰、其他無機化學物製造

中游
- 次世代:汽車技術
  40% 充電樁、車聯網、自駕技術、車用半導體
- 智能電動車 零組件技術
  12% 智能座艙相關
- 電動車 電池生產者
  16% 電池、電源

下游
- 智能電動車製造商
  26% 電動車龍頭廠

資料來源:國泰投信

國泰智能電動車主要成分股

股票名稱	權重（%）	產業分類
輝達（Nvidia）	17.03	車聯網系統先驅
特斯拉（Tesla）	12.56	電動車製造商，全球車廠市值 TOP 1
蔚來汽車（NIO）	7.7	中國電動車領導者
恩智浦（NXP）	6.95	車聯網系統先驅
樂金化學（LG Chem）	4.33	電動車電池龍頭
松下（Panasonic）	3.63	電動車電池大廠
意法半導體（STMicro）	3.27	全球車用晶片大廠
台達電（2308）	2.87	電源與能源管理領導廠
雅寶（Albemarle）	2.81	全球最大鋰生產商

資料時間：截至 2021/7/15

　　編寫本書時，國泰智能電動車僅上市幾個月，實際績效有待時間證明，但是回測過去指數表現，統計自 2015 年 10 月 23 日至 2021 月 4 月 30 日，指數報酬率為 289%，遠勝以電子產業為主的那斯達克 100 指數的 174%。

富邦未來車：跨足傳統車廠與共享經濟

　　富邦未來車（00895）是全台第 2 檔電動車相關 ETF，在 2021 年 7 月 27 日登場募集。該 ETF 不僅將電動車上中下游產業一網打盡，更掌握自動駕駛與關聯技術商機，其中包含了未來移動的

富邦未來車小檔案

代號	標的指數	經理費	保管費	收益分配	漲跌幅限制
00895	MSCI ACWI IMI 精選未來車 30 指數	0.9%	0.2%	無	無

資料來源：富邦投信

4 大趨勢（ACES）：

趨勢❶ 自動駕駛（Autonomous）

現在市售車陸續配置 Level 2 級別，2020 年全球自駕與無人駕駛的市值為 194.6 億美元。隨著科技進步，自駕系統將成標配，預計 2021 ～ 2026 年該市場的複合年成長率約為 18.06%。

趨勢❷ 車聯網（Connectivity）

運用衛星定位、感測器、電子標籤、無線網路通訊、數據處理等技術，對車輛、行人和道路環境三方的靜態和動態訊息，進行有效辨識及傳遞。除提供駕駛相關資訊外，也普遍應用於交通安全、交通服務、城市管理、物流運輸等。預估 2025 年新車市場中，聯網汽車的數量將接近 7,400 萬輛，滲透率高達 80%。

趨勢❸ 電動車（Electric）

當電池成本降至每千瓦小時 100 美元以下，電動車價格就會比

傳統汽車便宜。此目標預計 2024 年前可達成，如此一來將有助電動車的普及。到了 2030 年全球電動車占比將來到 32%，未來 10 年複合年成長率預估將達到 23%。

趨勢④ 共享經濟（Shared）

根據統計，私家車的平均閒置時間高達 95%，透過共享可以增加效率並節能減碳，例如乘客共乘、共享貨運、獲利型共享服務的 Uber Eats。預估到了 2030 年，全球將有 4 億人依賴自動化駕駛的汽車共享服務。

富邦未來車追蹤「MSCI ACWI IMI 精選未來車 30 指數」，2021 年上半年的表現優於同類型電動車指數。另，統計至 2021

精選未來車 30 指數績效表現優異

單位：%

指數	今年以來*	3 個月	6 個月	1 年	2 年	3 年	2021/6/30～2021/7/12
MSCI ACWI IMI 精選未來車 30 指數	15.52	11.85	15.52	127.67	208.39	143.06	0.03
ICE FactSet 全球智能電動車指數	12.64	13.36	12.64	154.54	234.87	159.72	-0.01%

資料來源：CMoney，資料時間 2018/6/30～2021/6/30，* 採 2021 年上半年績效表現

年 7 月 9 日，其成分股加權平均市值高達 3,578 億美元，是同類型電動車指數成分股的 2 倍之多。

目前該指數成分股的產業分布，第 1 大產業為自駕車及相關聯科技，其次是新創電動車廠，第 3 是傳統車廠，還有納入共享經濟產業的部分，可以看出相當多元。

接著來比較國泰智能電動車與富邦未來車，從下頁表的投資項目可以看出，前者專注在電動車產業，後者的涵蓋範圍較廣，除了電動車產業之外，還包含傳統汽車大廠與共享經濟產業。

富邦未來車產業分布多元

股票名稱	權重（%）	產業分類
特斯拉（Tesla）	20.01	電動車廠
輝達（Nvidia）	19.91	自駕車與相關聯科技
台積電（2330）	17.41	自駕車與相關聯科技
豐田汽車（Toyota）	5.9	傳統汽車大廠
超微半導體（AMD）	4.82	自駕車與相關聯科技
義大利國家電力（Enel）	2.89	電化學能源儲存技術
通用汽車（GM）	2.43	傳統汽車大廠
英美資源集團（Anglo）	2.03	礦業
聯發科（2454）	1.98	IC 設計
本田汽車（Honda）	1.96	傳統汽車大廠

資料時間：截至 2021/8/23

2檔電動車 ETF 投資項目、比重

單位：%

項目	富邦未來車 （00895）	國泰智能電動車 （00893）
自駕車與相關聯科技	44.4	44.28
電動車—純電動車廠	22.5	30.03
電動車—傳統車廠	14.51	—
電化學能源儲存技術	4.4	19.1
電動車零組件與原料	6	4.05
生產電池製造用金屬的礦業公司	3.9	2.52
新交通運輸方式，客運與貨運，包含電動車與自駕車	1.3	—
共享運輸	3	—

資料來源：CMoney，資料時間截至 2021/7/16

另外，值得注意的是，雖然特斯拉和輝達都是國泰智能電動車與富邦未來車的主要持股，但後者的持有權重較高，所以當特斯拉和輝達股價上漲時，富邦未來車受惠程度較高。

NOTE:

第二篇

台股主題式ETF

第5章

未來投資藍海
離不開 5G

5-1

布局5G產業
順序是「先硬後軟」

現在的台灣媒體，喜歡用「恐龍」這兩個字來嘲諷對現實反應緩慢的人，但是為什麼用「恐龍」呢？ 2004 年，台中自然科學博物館推出了恐龍展，一隻機械雷龍的尾部設有一個打擊點，小朋友拿鐵鎚敲打後，要經過 5 秒鐘，雷龍頭頂的燈才會亮起，表示神經訊號從尾部傳達到腦部，整整需要 5 秒鐘。

雷龍的神經傳導速度這麼慢，一旦尾巴被暴龍咬住，也要 5 秒鐘才會發覺，恐怕早已來不及逃命了。從這個故事可以看出神經傳導「速度」的重要性，尤其現在的科技突飛猛進，接下來更是萬物連網時代，例如自動駕駛車、無人工廠……高速、低延遲已

4G 與 5G 的差異

行動通訊系統	4G	5G
理想上傳、下載速度	0.1～1 Gbps	1～10 Gbps
延遲（回應時間）	0.015～0.025 秒	0.001 秒
頻率	10 GHz 以下	30 到 300 GHz
優點	低頻覆蓋廣，不需要大量基地台。	使用高頻來提升傳輸速率，頻率越高，能傳輸越多數據。
缺點	頻率低，傳輸速度有限，容易壅塞。	難穿透固體，訊號覆蓋範圍小，須建置更多基地台。

是不可或缺的關鍵要素。

2020 年因為新冠肺炎疫情蔓延，在家上班、上學成為一種新常態，如果網路速度不夠快，造成視訊影音延遲，怎麼辦呢？大家宅在家上課、打 Game（遊戲）、看影音，使用手機叫外送……導致網路需求量大增，以前的 4G 已經不敷使用了，進步到 5G 是必然的趨勢，從上表可看出兩者的主要差別。

總結來說，5G 具有以下 3 特點：❶ 超高速：每秒傳輸 1～10 Gbps，下載 1 部 2 小時的影片只要 3 秒鐘；❷ 低延遲：回應時間只有 1 毫秒，也就是 0.001 秒；❸ 大連結：每平方公里可連結 100 萬個裝置，連結數是以前的 100 倍，真正做到萬物聯網。

萬物聯網 全面翻轉生活型態

5G 的運用非常廣泛,絕對不只是下載影片比較快而已,它能夠真正做到改變未來世界的樣貌。想像一下,鄉下的地區醫院,經由 5G 的超高速傳導,將病患開刀的即時影像,傳遞給位在城市教學醫院的教授群,在他們的指導下,病患可以把握黃金時間接受治療。

只要人類的科技持續進步,高速網路的需求就會與日俱增,並深入生活各層面,其應用範疇包括:

應用① 智慧醫療

5G 結合虛擬實境(VR)和觸覺感知系統,醫生可從遠端操作機器人,針對戰場、偏遠地區的病患進行遠距手術。

應用② 無人機

可以在火災、地震、海難等地點,進行即時觀察並傳輸資料到雲端,協助救災與提出預警。

應用③ 智慧生活

可以在任何時間及地點遠距購物以及虛擬試衣,不用再大老遠跑到商場;或者在餐廳戴上 AR(擴增實境)眼鏡看菜單,可以即時看見餐點影像與對應的菜色。

應用④ 智慧工廠

全自動無人化工廠 24 小時不停工；又或是員工只須進入 VR 會議室就能開會、進行教育訓練，節省龐大差旅成本和時間。

應用⑤ 自動駕駛車

考駕照將成為絕響，一上車就可以睡覺、休息，或是使用 VR 看電影、打 Game，通勤再也不無聊。

$ 5G產業 硬體端先受惠

台灣地狹人稠，每次放長假時高速公路都會堵塞，如果可以將高速公路升級至 200 條車道，在連假期間就算是大批車輛同時湧入，也可以一路順暢，時速均維持在 100 公里以上。5G 網路就像是有數百條車道的高速公路，寬廣、快速而且通行無阻。

不過，5G 產業有上、中、下游，誰會先受惠呢？一樣拿高速公路來做例子，開始施工時是土木建築、鋼筋、水泥、機電等硬體端，等到完工後，旁邊的旅館、商圈等服務端（軟體端）才會出現。同理，5G 也要在基地台等硬體端先完成後，軟體（臉書、蘋果、Netflix……）等服務端才會跟著受惠，所以要投資 5G 產業，順序應該是「先硬後軟」。

　　儘管 5G 傳播速度很快，但訊號覆蓋範圍小，難以穿透固體，所以需要建置更多的基地台，也就是要燒更多的錢。中華電信董事長謝繼茂曾說：「光是 5G 基礎設施建置費用，可能就是 4G 的 3 倍。」既然電信業者要投入大量資金，就表示供應鏈有很多錢可以賺。

⑤ 5G是自駕車發展的關鍵

　　自駕車就是結合 AI（人工智慧）、Big Data（大數據）、Cloud Computing（雲端運算）等功能。當自駕車行駛時，首先會使用衛星定位系統確定所在位置，再利用感測器或是光學鏡頭探測週遭環境，然後將數據上傳到車上的主控電腦，搜尋雲端資料庫內的相關數據，計算出最佳的解決方案後，才能實現自動駕駛。

　　但是 AI、大數據、雲端運算之間的傳輸、協作，需要高速網路來連結，也就是 5G 通訊。當行車時速 120 公里時，1 秒鐘的移動距離是 33.3 公尺，在 4G 時代，由於網路傳輸速度不夠快，當自駕車察覺前面有行人或車輛時，還會繼續行駛 122 公分後才會啟動煞車反應，這時恐怕已經撞上去了；但是在 5G 時代，只要

台灣自駕車供應鏈廠商

自駕車系統	廠商
車聯網影像	聯詠（3034）
車載鏡頭	大立光（3008）
主控電腦	和碩（4938）
電腦系統	廣達（2382）
車用 IC	聯發科（2454）、瑞昱（2379）
自駕晶片	台積電（2330）、聯電（2303）
美國官方認證「全球乾淨 5G 電信商」	台灣大（3045）、中華電（2412）、遠傳（4904）
3D 感測	穩懋（3105）
電能管理	台達電（2308）

資料來源：國泰投信

短短的 2.5 公分便能啟動煞車，就會安全很多。

　　所以高速、低延遲的 5G 網路是自駕車成功的關鍵，從上表可以看出自駕車需要的系統以及供應鏈廠商，都是台灣優秀的企業，加上政府積極推動「台灣 5G 行動計劃」，預計在 2022 年打造年產值高達 500 億元的 5G 產業，可見其充滿賺錢機會。

5G ETF
標的差異大 慎選市場

從上一章節可知，5G 絕對是未來投資界的廣大藍海，但是要如何挑出最有競爭力的公司呢？由於 5G 產業鏈相當龐大，如果投資人在一知半解的情況下就進入市場，可能將自己置身在風險中。儘管利用 ETF 來持有一籃子的公司，確實能讓投資變得更輕鬆、容易，不過，在這麼多的 ETF 中，又要如何做出正確的選擇呢？

國內目前有 4 檔 5G 相關 ETF，投資標的分別有台灣、中國，以及美國和歐洲的企業，可謂十分齊全。這 4 檔 5G 主題型 ETF 的費用、淨值、規模等資料列表如下。

4檔國內 5G 相關 ETF

ETF 名稱	代號	經理費 （%）	保管費 （%）	淨值 （元）	規模 （億元）	地區	配息
元大全球未來通訊	00861	0.9	0.23	29.73	59.40	海外、台灣	無
元大未來關鍵科技	00876	0.9	0.23	29.55	77.29	海外、台灣	無
FH 中國 5G	00877	0.9	0.1	13.32	69.66	中國	無
國泰台灣 5G+	00881	0.4	0.035	18.27	385.28	台灣	半年配

說明：淨值（每日更新）資料時間截至 2021/7/13，基金規模（每月更新）資料時間截至 2021/6/30

$ 國泰台灣5G+：績效表現亮眼

國泰台灣 5G+（00881）是目前（2021 年）台灣第 1 檔具有收益分配的 5G ETF，而 ETF 最重要的是追蹤指數，指數會決定其成分股檔數與權重，以及未來的報酬率。

下面同樣用市值決定權重的 0050 和國泰台灣 5G+ 做對比，說明兩者的持股與選股邏輯有什麼不同：

差異① 單一持股權重占比

較晚推出的國泰台灣 5G+ 受到「台積電條款」的限制，也就是單一持股權重不得超過 30%，但是最先推出的 0050 則不受限。根據 2021 年 9 月 27 日的資料顯示，國泰台灣 5G+ 持有 30.14%

國泰台灣 5G+ 小檔案

代號	標的指數	經理費	保管費	收益分配	漲跌幅限制
00881	台灣 5G+ 通訊指數	0.4%	0.035%	半年配	10%

資料來源：國泰投信

的台積電，而 0050 則高達 47.48%，因此 0050 受台積電的影響較大。

差異❷ 選股條件

0050 是用「市值最大」來挑選成分股，這是 20 年前 ETF 的選股邏輯，但是市值最大不一定最賺錢。以宏達電（2498）為例，曾為股王的它自然是 0050 的成分股，沒想到宏達電在 2013 年開始發生虧損，但是因為市值夠大，一直拖到 2015 年 9 月才被踢出 0050。

而國泰台灣 5G+ 的篩選條件之一是採用「累積 4 季 EPS > 0」，也就是成分股一旦發生虧損就會被剔除，然後納入其他有賺錢的公司。從指數規則來看，「累積 4 季 EPS > 0」明顯勝過

國泰台灣 5G+ 成分股篩選條件

❶ 產業別：上市及上櫃股票中5G產業營收占比＞50%。
❷ 流動性：近3個月平均每日成交金額達5,000萬元以上。
❸ 指標：近4季累積EPS＞0。
❹ 成分股30檔：依照自由流通市值排序，選取前30檔股票
　作為成分股。

資料來源：國泰投信

「市值最大」，不會讓賠錢的公司一直留在 ETF 裡，當然也可以避免投資人的損失。

接著來看國泰台灣 5G+ 和 0050 的前 10 大成分股，從下頁表可以看出前者持有的台積電雖然較少，但是聯發科（2454）、鴻海（2317）、聯電（2303）、大立光（3008）、聯詠（3034）的權重占比卻較高。0050 明顯是靠台積電「1 個打 10 個」，但是國泰台灣 5G+ 則是有好幾個高手在並肩作戰，分散性佳、團結力量大。此外，0050 還持有金融、傳產等公司（因為只看市值），但是國泰台灣 5G+ 則是以電子股為主。

2021 年 8 月 17 日，國泰台灣 5G+ 第 1 次配息 0.54 元。由於紀錄不多，所以先看其追蹤指數過去的殖利率情況。

0050、國泰台灣5G+前10大成分股比較

元大台灣 50 (0050)			國泰台灣 5G+ (00881)		
名稱	代號	權重 (%)	名稱	代號	權重 (%)
台積電	2330	47.52	台積電	2330	29.76
鴻海	2317	4.6	鴻海	2317	12.69
聯發科	2454	4.54	聯發科	2454	12.09
台達電	2308	2.23	聯電	2303	5.42
聯電	2303	2.07	矽力-KY	6415	3.4
富邦金	2881	1.88	瑞昱	2379	2.79
台塑	1301	1.63	大立光	3008	2.62
南亞	1303	1.6	廣達	2382	2.53
國泰金	2882	1.55	聯詠	3034	2.4
中鋼	2002	1.47	台灣大	3045	2.33

資料時間：2021/7/15

台灣 5G+ 通訊指數近年殖利率

年度	2016	2017	2018	2019	平均
殖利率 (%)	4	3.4	3.6	4.1	3.78

資料來源：CMoney

　　國泰台灣 5G+ 採半年配，每年的 7 月及 12 月的最後一個日曆日為評價日，經理公司做成收益分配決定後，再於每年 1 月、8

2021年第1季科技主題ETF 績效 Top 5

ETF 名稱	代號	報酬率（%）	規模（億元）	投資人數*
國泰台灣5G+	00881	15.83	409.4	321,499
富邦科技	0052	14.12	75.3	19,876
元大電子	0053	14.11	3.6	1,324
國泰費城半導體	00830	13.2	20.5	6,114
第一金工業30	00728	13.03	11.2	11,072

資料來源：CMoney，2021/3/31，報酬率採淨值還原；* 採集保中心，集保帳戶人數資料，2021/4/9

月起第45個營業日前（含）分配。

其30檔成分股都是台灣績優電子大廠，不僅瞄準5G產業，還兼具「半導體」和「電動車」的題材。例如台積電、聯發科、聯電、世界（5347）……屬於半導體產業；廣達（2382）除了電動車ECU（Electronic Control Unit，又稱行車電腦或車載電腦）訂單外，更投資日本自駕車新創業者 Tier IV 做深入布局；鴻海則成立 MIH 聯盟，推出電動車軟硬體和關鍵零組件平台生態系，採取開放共享，希望成為「電動車界的安卓系統」。

國泰台灣5G+ 在 2020 底才上市，但是 2021 年第1季的表現卻是鶴立雞群，拿下科技主題 ETF 的績效冠軍，而且基金規模和投資人數皆高居 5G 類型 ETF 之冠，實力及人氣沖天。

⑤ 元大全球未來通訊：布局美國企業

元大全球未來通訊（00861）成立於 2019 年 11 月 11 日，是國內最早推出的 5G ETF。

前 10 大成分股有超過 6 成是美國企業，包含蘋果（Apple）、思科（Cisco）、博通（Broadcom）、高通（Qualcomm）等電子大廠，所以也可以當作美國科技股來操作。

元大全球未來通訊小檔案

代號	標的指數	經理費	保管費	收益分配	漲跌幅限制
00861	ICE FactSet 全球未來通訊指數	0.9%	0.23%	無	無

資料來源：元大投信

元大全球未來通訊成分股篩選條件

❶ 選股方式：挑選符合未來通訊供應鏈的相關企業，未來通訊營收比重大於 50%（含），市值至少5億美元以上。

❷ 以 5G「基礎建設」及「通訊服務」為2大核心。

❸ 涵蓋設備商、手機品牌、通訊服務、網路軟體、資訊技術等。

❹ 採用「市值」加權法，選出市值排名前50大作為成分股。

資料來源：元大投信

資料來源：CMoney，2020/7/14 ～ 2021/7/16

　　接著來分析元大全球未來通訊的產業類別，主要分布為：資訊技術占 70.34%、房地產占 13.72%、通訊服務為 12.72%，現金則占 3.22%，其中包含 5G 產業的軟體端和硬體端，但是以軟體服務的占比較高，而且成分股大多在美國。

　　由於元大全球未來通訊大多數成分股都在海外，所以要注意匯率走勢。自從 2019 年底台幣大幅升值，海外投資產生匯損，導致其報酬率落後指數表現，也就是賺到指數，卻賠上匯率。

元大未來關鍵科技：投資全球5G產業

　　元大投信在推出元大全球未來通訊之後，為了聚焦 5G 硬體產業，又在 2020 年 7 月 7 日推出元大未來關鍵科技（00876）。主要布局全球 5G 關鍵科技製造產業，涵蓋被動元件、IC 設計、晶圓代工等。

元大未來關鍵科技小檔案

代號	標的指數	經理費	保管費	收益分配	漲跌幅限制
00876	iSTOXX 全球未來關鍵科技指數	0.9%	0.23%	無	無

資料來源：元大投信

元大未來關鍵科技成分股篩選條件

❶ 追蹤指數：iSTOXX全球未來關鍵科技指數。
❷ 關鍵科技主題相關營收比重＞30%。
❸ 過去12個月平均R&D（研究開發）費用占銷售額比率，取前80%公司。
❹ 近4季加總EPS＞0，且近4季加總ROE＞0。
❺ 採用市值加權，選出市值排名前100大作為成分股。

資料來源：元大投信

　　由於元大未來關鍵科技成分股的產業類別約有 90% 是資訊技術，且硬體成分較重，因此也被稱為「硬 5G」。

　　最後，來比較元大全球未來通訊和元大未來關鍵科技，從投資的國家可以看出，前者偏重於單一國家，也就是美國，後者的分布則是比較均衡。

　　雖然元大未來關鍵科技主要持股分散在美國、台灣、日本、德國等企業，較無集中在單一國家的情況，但是依然要注意匯率的走勢。

元大2檔5G ETF投資國家占比

元大全球未來通訊（00861）		元大未來關鍵科技（00876）	
國家	比例（％）	國家	比例（％）
美國	66.49	美國	38.17
台灣	12.35	台灣	21.18
韓國	7.13	日本	20.16
日本	6.3	中國	7
瑞典	1.41	德國	5.81
德國	1.2	荷蘭	1.44
其他	1.9	其他	2.47
現金	3.22	現金	3.77

資料來源：元大投信，2021/7

$ FH中國5G：易受政策波動

FH 中國 5G ETF（00877）和另外 3 檔的最大不同在於，它是唯一追蹤中國標的的 5G ETF，而且是「上櫃」的 ETF，一樣可以在股市交易，但是要在櫃買中心才能找到它的資料。

指數以「中證全指指數」為篩選母體，也就是上海和深圳證交所中的 A 股。接著，剔除總市值與日交成交金額後 20% 的股票，避免流動性不足，再從中挑選與 5G 通信產業相關的股票。成分股的產業類別包含電信、通信、計算機以及電子設備等。

中國市場十分龐大，加上 5G 產業受到國家政策支持，理論上前景應是不錯。但也因為中國是全球發展 5G 最快的市場，引起美國的注意，一連串的貿易摩擦，以及美國持續封鎖華為等中國企業，導致 5G 相關公司股價低迷，FH 中國 5G 的報酬率也就跟著往下。投資前，最好先注意中美的角力，以免遭受池魚之殃。

FH 中國 5G 小檔案

代號	標的指數	經理費	保管費	收益分配	漲跌幅限制
00877	中證 5G 通信主題指數	0.9%	0.1%	無	無

資料來源：復華投信

NOTE:

第二篇
台股主題式ETF

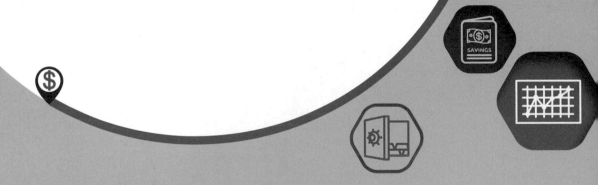

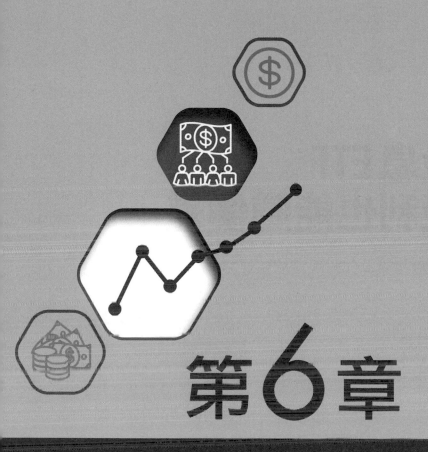

第6章

善用股利
把台股當提款機

高股息ETF
領股利也能賺價差

自2014年起，台灣上市櫃公司每年都發放超過1兆元的現
金股利，股市真的就像是金雞母和搖錢樹，大戶動輒領數
億元，甚至是數十億元的現金股利，這股破兆台幣的現金流，就
是台灣社會「有錢人越來越有錢，窮人越來越窮」、貧富差距不
斷拉大的推力之一。

2003年，0050推出時，當時的「審美觀念」認為大就是美，
但是隨著時間推移，大家發現市值大的公司不一定最賺錢，也不
一定配發最多股利。所以「Smart Beta」的選股策略開始浮出檯
面，也就是透過特定因子作為指數成分股的組成依據，例如「高

股息」、「ESG」等，希望讓投資組合達到更好的績效。

元大高股息：適合想穩定領息者

0050 推出之後，最被詬病的是就股利太少，元大投信明顯是聽到大家的心聲，於是在 2007 年推出元大高股息（0056），瞄準投資人對於「高股息」的需求。

元大高股息小檔案

代號	標的指數	經理費	保管費	收益分配	漲跌幅限制
0056	台灣高股息指數	0.3%	0.035%	年配	10%

資料來源：元大投信，經理費依資產規模大小適用不同年率

元大高股息成分股篩選條件

❶ 指數：追蹤「台灣高股息指數」績效表現。

❷ 成分股：由台灣50指數及台灣中型100指數成分股中（共150檔股票）符合流動性測試標準，挑選未來1年「預測現金股利殖利率最高的30檔」股票作為成分股。

❸ 權重：採用殖利率來決定成分股的權重。

資料來源：元大投信

　　由於 0056 的 30 檔成分股是以殖利率來決定個股的權重，因此權重較為平均，不會有 0050 成分股中台積電（2330）獨占一半權重的情況出現。

　　其實，並不是每個人都需要高成長的股票，例如退休人士，或是錢多到花不完，只想安穩領股息過生活的人，高股息才是他們真正需要的！從下表可以看出，0056 的股息殖利率確實勝過

0056股息殖利率勝過0050

元大台灣 50（0050）				元大高股息（0056）			
年度	現金股利（元）	年均股價（元）	殖利率（%）	年度	現金股利（元）	年均股價（元）	殖利率（%）
2012	1.85	52.3	3.5	2012	1.3	23.7	5.49
2013	1.35	56.2	2.4	2013	0.85	23.5	3.62
2014	1.55	63.7	2.4	2014	1	24.5	4.08
2015	2	66.3	3	2015	1	23.1	4.33
2016	0.85	66.3	1.3	2016	1.3	22.9	5.68
2017	2.4	78.8	3	2017	0.95	25.2	3.77
2018	2.9	81.8	3.5	2018	1.45	25.8	5.62
2019	3	83	3.6	2019	1.8	26.9	6.69
2020	3.6	96.9	3.7	2020	1.6	28.5	5.61
2021	3.4	136	2.5	2021	1.8	33.3	5.41
平均	2.29	78.13	2.91	平均	1.31	25.74	5.03

資料來源：CMoney

0050，對於有領息需求者，0056 似乎是更好的選擇。

小資族以提高報酬為目標

若無領息需求或錢不多的小資族究竟該選 0050 好，還是 0056 佳？ 0056 是 2007 年 12 月 13 日成立，所以從 2007 年底開始比較，下圖可看出，0050 從 2014 年起超車 0056，主要原因是台積電從 2013 年起股價一路向上，持續大漲到 2021 年初的 600 多元，0050 的報酬率也完勝 0056，關於兩者的比較説明如下。

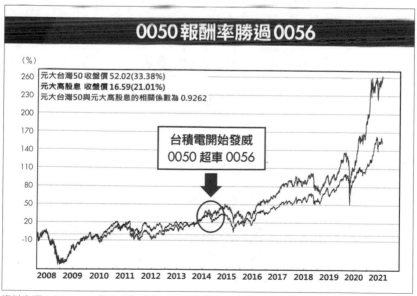

資料來源：CMoney 投資決策系統，2007/12/28 ～ 2021/7/16

❶ 0056 股利勝過 0050

因為 0056 持有的成分股都是獲利和配息穩定的公司，例如台泥（1101）和亞泥（1102），但缺點是股價缺乏爆發力，如果說台泥、亞泥的股價會衝上百元，恐怕不會有多少人相信。

❷ 0050 資本利得超越 0056

0050 持有的大型龍頭股，像是台積電（2330）、聯發科（2454）、鴻海（2317）……2020 年起電子股大漲，帶動 0050 股價從 67.25 元低點，大漲到 2021 年 1 月的 143.25 元，漲幅超過 1 倍，就資本利得（價差）而言，0050 勝過 0056。

❸ 台積電走勢影響 0050 甚鉅

台積電是台灣市值最大的公司，當然會被納入 0050，但是因為台積電殖利率不佳，所以沒有成為 0056 的成分股。台積電股價從 2013 年破百元後，就帶動 0050 報酬率一路往上，2021 年台積電衝破 600 元大關，0050 報酬率更是狠甩 0056。

0050 的優勢是有台積電這部發動機，但是在台積電股價站上 600 元大關之後開始步履蹣跚，這狀況有可能讓 0050 股價原地踏步。

❹ 2 檔我都要 成長、股利兩者兼得

長期投資的要點在於「分散」，如果投資人同時持有 0050 和 0056，可兼具成長與股利兩優點，布局比較完整。

0056 的優點是穩定，缺點則是報酬率馬馬虎虎，如果長期持有領股利，以過去 10 年平均殖利率 5.03% 計算，扣掉健保補充保費和所得稅之後，恐怕剩下不到 5%！除非是高資產人士，例如買進 1,000 張 0056，每年領到 100 多萬元的股利才能夠財務自由，因此對於小資族來説，還是要想辦法增加報酬率。

長期來看，0056 的股價走勢呈現「上有鍋蓋、下有鐵板」，因此低進高出賺價差也是不錯的方式。不過人並非神仙，買進之後也有繼續下跌的可能，幸好 0056 不會倒閉，即使套牢了也可以安穩領股利！

$ 用KD指標找買進、賣出訊號

KD 指標是我最常用的技術分析，由於 0056 的股價比較溫吞，所以我主要是參考週 KD，從下頁圖可以看出，用 KD 指標來操作 0056 是有其參考價值。

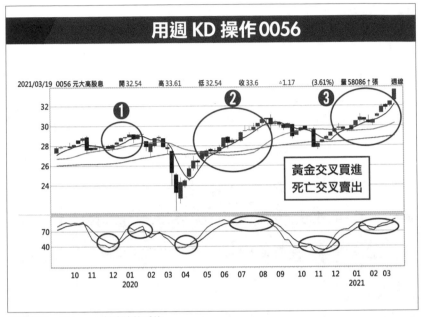

用週 KD 操作 0056

2021/03/19 0056 元大高股息　開32.54　高33.61　低32.54　收33.6　△1.17　(3.61%)　量58086↑張　週線

黃金交叉買進
死亡交叉賣出

資料來源：CMoney 投資決策系統

0056 賺價差勝過領股利

區間	❶	❷	❸
買進（元）	28.37	25.73	28.88
賣出（元）	29.19	30.63	32.43
價差（元）	0.82	4.9	3.55
價差報酬率（%）	2.9	19	12.3

接著，統計圖中 3 個操作區間的報酬率，可以看出賺價差的報酬率遠勝過抱著領股利。

當然，投資人如果想參考日 KD 來操作 0056 也是可行，不過，要注意日 KD 反應比較迅速，容易被騙，所以我通常會同時參考週 KD。

使用技術分析要先預測趨勢，在上升趨勢時，如果用日 KD ＞ 80 賣出，股價可能持續向上，此時就要參考週 KD ＞ 80 再賣出；反之，當處於下跌趨勢，用日 KD ＜ 20 買進，也可能買在相對高點，此時就要參考週 KD ＜ 20 買進。

另外要提醒的是，KD 指標「僅供參考」，不可能百分百準確。「黃金交叉時買進，死亡交叉時賣出」是大家比較熟悉的操作方法，但是有時候又顯得稍微落後，等到黃金交叉時股價已經上去；到了死亡交叉時股價又已經滑落，所以在採用技術指標時，要靠多練習來增加盤感。

ESG 高股息
優質企業挹注表現

去（2020）年 7 月，國泰投信推出國泰永續高股息（00878），同時結合「ESG」與「高股息」兩大特點，霎時平地一聲雷、造成一波轟動，受益人與規模皆迅速攀升，2021 年初更站穩國內 ESG 類型 ETF 的龍頭寶座。

其實，聯合國早在 2005 年即提出 ESG 的概念，但直到 2008 年金融危機爆發時才獲得大眾關注。根據統計，美國市值前 3,000 大的公司中，ESG 評分越高，受金融危機波及的程度越低，原因在於企業長期投資社會資產，得到投資人信任，讓公司績效維持在一定水準。

國泰永續高股息小檔案

代號	標的指數	經理費	保管費	收益分配	漲跌幅限制
00878	MSCI 台灣 ESG 永續高股息 精選 30 指數	0.25%	0.035%	季配	10%

資料來源：國泰投信，經理費依資產規模大小適用不同年率

也因為強調 ESG 概念的企業受到投資人青睞，近幾年業者陸續發行 ESG 主題基金和 ETF。關於 ESG 主題型 ETF 會在第 7 章深入討論，接下來僅就國泰永續高股息的股利相關內容做介紹。

$ 國泰永續高股息：季配息資金運用更靈活

以下分析 0056 和國泰永續高股息的主要不同之處：

❶ 成分股篩選

0056 是以殖利率作為選擇成分股的主要依據，從市值前 150 大的上市公司挑選，「預測未來 1 年殖利率」最高的 30 家公司。國泰永續高股息則是同時強調「ESG」與「高股息」兩特點，從 MSCI 台灣指數成分股中，挑選出 30 檔致力於 ESG 發展與高股息的公司。

0056 歷年現金股利

年度	現金股利（元）	年度	現金股利（元）
2012	1.3	2017	0.95
2013	0.85	2018	1.45
2014	1	2019	1.8
2015	1	2020	1.6
2016	1.3	平均	1.25

資料來源：CMoney

❷ 配息頻率

0056 是年配息，國泰永續高股息則是季配息，後者資金運用比較方便。

❸ 殖利率計算

除了 ESG 之外，0056 和國泰永續高股息最主要的差別在於殖利率的計算方式。前者是「預測未來 1 年殖利率」，而後者是「統計過去 3 年的殖利率」。但預測有可能失準，從上表可以看出 0056 曾經有過配息不符合投資人期望的時候。

2021 年 6 月，0056 更換成分股，納入長榮（2603）、友達（2409）、群創（3481）等過去獲利與配息均不穩定的標的，長榮從 2012 至 2020 年間更有 7 年股利掛蛋，此舉引發熱議。

元大投信回應，就「預測未來殖利率」來看，友達、群創、長榮分別達 19%、21%、11%，最為突出。然而上述 3 檔股票在 2020 年的殖利率僅約 1% 多，勢必影響同年 0056 的殖利率。至於 2021 年是否能夠如預期般有高殖利率表現，到時候就可以檢驗了！雖然高股息 ETF 的特點是穩定，但我個人不喜歡納入過去表現不佳的公司，更何況台灣的好公司這麼多。

與 0056 不同，國泰永續高股息則是採「股利分數」來決定成分股和權重。「股利分數＝近 12 個月年化股息殖利率 ×0.25 ＋近 3 年平均年化股息殖利率 ×0.75」。簡單來說，就是用「過去 3 年」的殖利率來決定成分股和權重，不過還是要提醒「過去表現僅供參考」。

$ 規模變大稀釋股利 配息不如預期

國泰永續高股息在 2020 年 7 月 20 日掛牌上市，在我寫這篇稿子時只有 4 次配息紀錄，分別是 2020 年 11 月 17 日的 0.05 元，以及 2021 年 2 月 25 日的 0.15 元、5 月 18 日的 0.25 元，8 月 17 日的 0.3 元，4 季合計發放 0.75 元現金股利，年化殖利率似乎與「高股息」有點差距，這又是什麼原因呢？

在探討原因之前，首先說明 ETF 與一般股票的差異。一般公司的股本是固定的，市場的買賣只是換手而已，股票總張數並不會改變。假設某公司有 10 萬張股票，預計發放 10 億元現金股利，除息前不管市場上如何買賣，因為總張數不會改變，所以每張股票可以得到 1 萬元現金股利，也就是 1 股配發 10 元，這個金額不會變動。

但 ETF 是基金，有流量供應者（造市商）供給或是買回股票，ETF 的規模就有可能變大或縮小。一樣假設某檔 ETF 原先的規模有 10 萬張股票，預計發放 10 億元現金股利，由於 1 股配發 10 元股利太迷人，造成投資人搶購，為了讓股價維持在淨值附近，造市商必須不斷向投信申購股票並提供給投資人，假設除息前造市商申購了 2.5 萬張股票，總張數變成 12.5 萬張，然而現金股利一樣是 10 億元，此時每張股票就只能分配到 8,000 元，1 股變成 8 元，也就是股利縮水。

2020 年國泰永續高股息第 1 次的配息不如預期，就是遇到了「粥少、僧多」的狀況。

❶ 粥少：未取得部分成分股的股利

ETF 的股利來源為成分股的配息，台灣股市除權息旺季大概是

在 6～9 月。由於國泰永續高股息是在 7 月 20 上市，此時 30 檔成分股中有些已經完成除權息，也就拿不到它們配發的股利，形成「粥少」的狀況。

❷ 僧多：ETF 規模快速放大

國泰永續高股息上市後造成搶購，基金規模從 2020 年 7 月 20 日成立時的 67 億元，到同年 10 月 8 日已迅速成長至 212 億元，膨脹逾 3 倍，投資人變多、規模變大，形成「僧多」的局面。

總結來說，國泰永續高股息上市時已過了除權息旺季的一半，領到的股利本就不多（粥少），雪上加霜的是第 1 次配息前，規模又膨脹逾 3 倍（僧多），因此配息僅有 0.05 元，應該是可以理解的！

剛成立的 ETF 如果規模持續成長，都有可能碰到股息被稀釋的情況。要是投資人因為對股息失望，賣掉 ETF，導致其規模變小，股息就有可能被濃縮，等於是把你的息留給其他人。

⑤ 股利給付分2筆 具節稅效果

國泰永續高股息在 2021 年 2 月 25 日進行第 2 次季度除息，每單位發放 0.15 元，也就是 1 張股票發放 150 元現金股利，並在 3

月 6 日發放股息。事後有一位投資人問我,他持有 1 張國泰永續高股息,獲配 150 元現金股利,但是給付金額卻分為 2 個所得類別,如下表所示。

股利中有「財產交易(國內)所得」,是否要併入個人所得來課稅呢?我詢問國泰投信,得到下列回覆:「依據所得稅法第 4–1 條,證券交易所得停止課徵所得稅;而國泰永續高股息的配息項目中,財產交易所得來源為買賣股票,符合前述條件,因此不會納入所得課稅。」

❶ 境內股利所得

國泰永續高股息持有 30 檔成分股,因此會拿到成分股的股利,也就是表中所列的 60 元。既然是股利所得就必須繳交所得稅,與健保補充保費(單筆超過 2 萬元須扣取 2.11%)。

股息給付有 2 種類別

ETF 名稱	代號	所得類別格式代號	給付總額(元)	合計(元)
國泰永續高股息	00878	54C 境內股利所得	60	150
		76W 財產交易(國內)所得	90	

❷ 財產交易所得

當成分股的股價上漲，國泰永續高股息 ETF 就會賺到價差，但是目前台灣停徵證券交易所得稅，所以這筆金額是免稅的，對於投資人來說具有節稅效果。

前述曾提及，國泰永續高股息在 2020 年 10 月 8 日的規模已超過 200 億元，後來，國泰投信在同年 12 月 10 日又推出國泰台灣5G+（00881），由於受到投資人的認同，部分持有國泰永續高股息的投資人，選擇獲利了結轉向國泰台灣 5G+，導致國泰永續高股息規模縮小幾十億元。

這幾十億元是在 2020 年 10 月前投入國泰永續高股息，當時大盤約在 12,000 點附近，後來，這筆資金在 12 月初轉到國泰台灣5G+，那時候大盤已經站上 14,000 點。也就是說，這些資金是在 12,000 點進場，然後在 14,000 點出場，在大盤向上、成分股股價上漲的狀況下，國泰永續高股息就會賺到價差（財產交易所得），於是在發放股利時一併回饋給投資人。從這裡可以看出，投資人在低點買進 ETF 之後，如果貿然出場等於把你的股利和價差留給別人。

長期領股利 逢低加碼賺價差

從下圖可以看出，儘管國泰永續高股息第 1 次配息不如人意，但是股價卻持續攀升，2021 年 3 月底已站上 18.45 元，對於 2020 年 7 月用 15 元參加認購的投資人而言，儘管因為「僧多粥少」導致股利變少，但是價差賺進 3.45 元，報酬率高達 23%，一樣遠勝領股利。

由於國泰永續高股息持有 30 檔績優、高股息的成分股，只要堅持長期投資領股利、逢低加碼賺價差的原則，當贏家的機率還是很高！

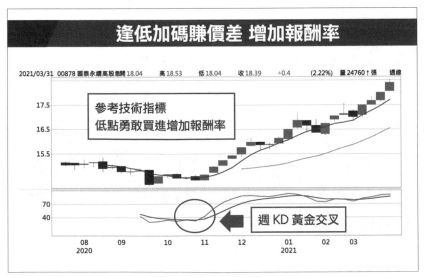

資料來源：CMoney 投資決策系統

中國高股息
定期定額可分散風險

接著來介紹大家比較不熟悉的陸股高股息 ETF，2021 年 2 月 4 日中信中國高股息（00882）掛牌上市，由於挾帶 14 億人口消費紅利，以及約 40% 股利屬國內所得（因為會調整成分股，所以每次配息有些許不同）等優勢，上市 1 個月後規模已達到 90 億元，可以看出台灣投資人「不喜歡中國政權，但不討厭人民幣」的理性面。

$ 中信中國高股息：網羅陸股傳產業龍頭

以下來說說中信中國高股息的特點：

<table>
<tr><th colspan="6">中信中國高股息小檔案</th></tr>
<tr><th>代號</th><th>標的指數</th><th>經理費</th><th>保管費</th><th>收益分配</th><th>漲跌幅限制</th></tr>
<tr><td>00882</td><td>恆生中國
高股息率指數</td><td>0.45%</td><td>0.18%</td><td>半年配</td><td>無</td></tr>
</table>

資料來源：中信投信，經理費依資產規模大小適用不同年率

特點➊ 參與中國高股利率企業

指數成分股為香港掛牌的中國企業，主要是反映擁有高股息的中國企業之整體表現。

特點➋ 囊括中國大型經濟主力龍頭股

涵蓋地產、金融、工業及能源等產業，為支撐中國經濟成長的代表企業。

特點➌ 投資標的指數資訊透明

追蹤「恆生中國高股息率指數」，考慮成分股流動性、配息連續性及波動度，精選 50 檔中國高股息成分股。此外，於每年 3 月底進行成分股檢討，並於該年度 6 月進行調整。

中信中國高股息的指數選股原則，剔除了高獲利的「博奕」和「菸草」產業，顯現出投資還是要兼具良心。另外，因為是以殖利率來決定個股的權重，所以權重比較平均。

　　根據 2021 年 1 月 31 日《彭博商業周刊》（Bloomberg）的統計，中信中國高股息的 50 檔成分股總市值高達 54.1 兆台幣，超過台灣 1,735 家上市櫃企業的總市值，平均單一企業市值是台灣的 36 倍，可以看出其成分股的龐大，畢竟中國擁有 14 億人口消費紅利。

投資原型ETF 不須預測高低點

　　中信中國高股息在 2021 年 2 月上市，本書亦在同年編撰，考量上市時間較短，無法驗證長期績效，改由觀察追蹤指數過去的股利殖利率表現，從下頁圖可見平均在 4.27% ～ 7.25%，相對穩定。而且採用「半年配」，每年 6、12 月會公告配息金額。

　　2020 年新冠肺炎疫情造成宅經濟發威，全世界科技股均大漲一波，股市資金流動到電子股，相對地，地產、金融、工業及能源等產業得不到投資人關愛的眼神，於是本益比就在低檔徘徊，2021 年初，恆生中國高股息率指數本益比僅 7 倍多。不過，對於高股息 ETF 而言，低本益比反而有 2 個優點：

優點❶ 高殖利率

　　低本益比表示股價便宜，反而可以得到更高的殖利率。

恆生中國高股息率指數歷年股利率

(%)

- 2013 Q1：4.8%
- 2014 Q1：6.66%
- 2015 Q1：4.27%
- 2016 Q1：6.13%
- 2017 Q1：4.85%
- 2018 Q1：5.18%
- 2019 Q1：6.41%
- 2020 Q1：7.25%

資料來源：恆生指數公司、Bloomberg，2020/11/30。以上數據僅為指數之股利率，不代表基金實際或未來投資報酬之保證。

優點② 資本利得

一旦電子股反轉，資金勢必轉往地產、金融、工業及能源等產業，中信中國高股息的本益比將得以向上修正，投資人也有機會賺到資本利得。2021 年 2 月起，美國電子股開始向下反轉，而中信中國高股息股價卻由公開發行時的 15 元一路往上，到 3 月 12 日已經來到 16 元，報酬率為 6.7%。

本章介紹的 0056、國泰永續高股息、中信中國高股息都是原型 ETF，最佳的買進策略就是「撿便宜」，但是我們很難預測低點，

所以我會採取定期定額的方法投資，若是碰到股價下跌時再用力加碼買進。

$ 投資高股息 也要分散布局

最後，針對本章所介紹的 3 檔高股息 ETF，依費用、配息與稅費進行比較說明。

❶ 費用

首先，針對費用部分，國泰永續高股息在經理費和保管費上較具優勢，中信中國高股息則是因為投資海外股票，成本不可避免會比較高。對於投資人來說，較少的費用自然有利於長期投資，但還是要看整體的報酬率，如果報酬率高，那麼多付出一點費用也是划算的。

3檔高股息 ETF 比較

ETF 名稱	代號	經理費（%）	保管費（%）	規模（億元）	配息
元大高股息	0056	0.3	0.035	797.14	年配
國泰永續高股息	00878	0.25	0.035	210.64	季配
中信中國高股息	00882	0.45	0.18	176.4	半年配

資料時間：2021/7/16，經理費依資產規模大小適用不同年率

❷ 配息

3 檔 ETF 有年配、半年配和季配,可依個人需求來選擇。

❸ 稅費

半年配和季配可減輕健保補充保費的負擔,中信中國高股息則因為僅有約 40% 股利是屬於國內所得(相關稅負將在第 10 章中詳述),所以在所得稅上更具優勢。

雞蛋不要放在同一個籃子上,「分散」是我一貫的投資理念,2021 年初,台股在 17,000 點的高點,加上台灣產業以電子為主,多數 ETF 成分股也較偏重電子股,例如 0050、0056。為了將資金分散到不同的國家和產業,2021 年 1 月,中信中國高股息公開募集(IPO)時,我申購了 200 張,然後在農曆春節開盤後,每天定期定額買進 5 張,打算長期投資。除了可以避免單一產業和區域的風險,同時也能掌握中國市場的消費商機。

—————
NOTE:

第二篇
台股主題式ETF

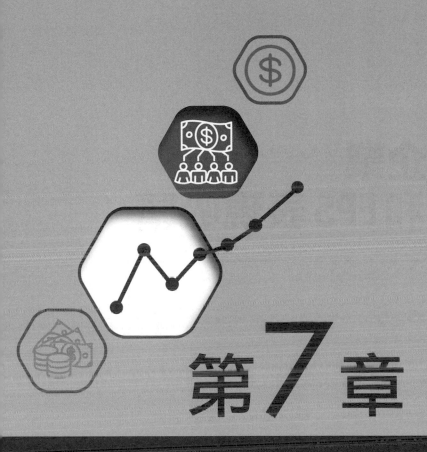

第7章

選對好公司
自動幫你趨吉避凶

ESG 企業
ROE 和 EPS 表現吸睛

我們只有一個地球，它是我們賴以生存的家園，可是隨著人口迅速增長、農業與工業突飛猛進，人類對環境的破壞也越來越嚴重。以往出門看天氣預告，現在外出得先看 PM 2.5 指標，溫室效應氣體更讓地球不斷地發燒再發燒，全球暖化導致南北極冰山溶解、海平面上升，颱風、暴雨、乾旱、嚴寒等天災頻繁出現，非典型肺炎、禽流感、豬瘟等傳染性疾病也越來越常見，這就是人類破壞自然環境所種下的惡果。

人類要生活、要進步，離不開工業發展，我們投資股票，也避免不了買進大企業！難道，工業和經濟發展無法與環保共存嗎？

如果地球被破壞了，賺再多的錢又有何用？如今有不少企業開始重視綠電、水資源回收等環保議題，在投資界也引發了「綠色金融革命」，強調「ESG」的基金規模在近幾年快速地成長，台灣陸續推出的 ESG 相關 ETF，規模更是不斷攀升中。

好公司永續發展 離不開3要件

相信大家都看過《看見台灣》這部紀錄片，也一定對企業汙染河川和空氣、濫伐山林等行為深惡痛絕。正因為環境、社會責任、公司治理等議題越來越受大眾關注，企業經營更要符合公眾需求才能獲得青睞，這就是 ESG 開始風行的最主要原因。

ESG 是評估公司營運的一項指標，透過關懷環境保護、社會責任、公司治理 3 個面向，選出「注重永續經營」的企業。

❶ 環境保護（Environment）

重視資源回收，例如台灣水資源稀缺，半導體和面板廠這些用水大戶，必須做好水資源回收；重視環境汙染防治，特別是減少碳排放，避免地球一直增溫，造成不可逆的生物滅絕。

❷ 社會責任（Society）

企業不應該剝削勞工，也不應為了利益而使用廉價、對消費者

ESG 為投資新趨勢

環境保護（Environment）
- 汙染
- 資源回收
- 全球暖化、碳排放

社會責任（Society）
- 人權
- 產品安全
- 勞工關係管理

公司治理（Governance）
- 資訊透明
- 董事會獨立
- 保障股東權益

有害的原料。企業應該拿出良心，重視勞工與消費者的權益。

❸ 公司治理（Governance）

公司抱怨獲利不好，只能配發很少的股利，但是董監卻領取很高的酬勞，相信投資人都很厭惡這種不透明的企業吧！選擇治理良善、資訊公開透明的企業，才能保障投資人的權益。

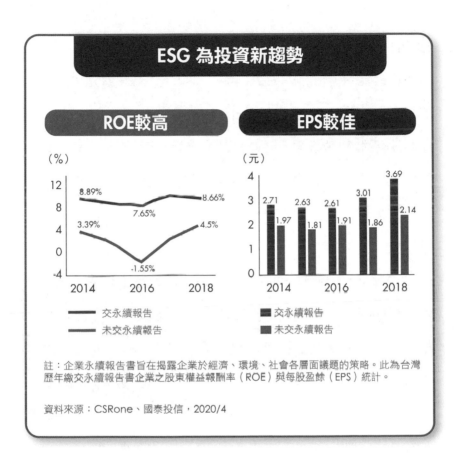

ESG 為投資新趨勢

ROE較高

EPS較佳

註：企業永續報告書旨在揭露企業於經濟、環境、社會各層面議題的策略。此為台灣歷年繳交永續報告書企業之股東權益報酬率（ROE）與每股盈餘（EPS）統計。

資料來源：CSRone、國泰投信，2020/4

違反ESG精神 股價易受影響

2020 年 8 月，金管會公布最新「公司治理 3.0 永續發展藍圖」，目的是深化公司治理，並實踐企業社會責任，而且落實 ESG 還可以幫投資人「趨吉避凶」。

❶ 趨吉

　　金管會宣示，預計自 2023 年起，資本額達 20 億元以上的上市櫃公司，須撰寫社會責任報告書，揭露企業有關經濟、環境、社會各層面議題的策略。根據統計，台灣歷年繳交永續報告書的企業，其股東權益報酬率（ROE）與每股盈餘（EPS）均較為優異，可以幫投資人「趨吉」。

❷ 避凶

　　2010 年 4 月，英國石油（British Petroleum，BP）在墨西哥灣發生漏油事件（汙染環境）、2015 年 9 月福斯（Volkswagen）汽車爆發廢氣排放數據造假（公司治理），2018 年 3 月臉書（Facebook）發生個資洩漏（社會責任），上述事件均導致投資人鉅額虧損，統計上述 3 家企業事發後至當年度最低價的最大跌幅，分別為 -55%、-39% 與 -33%。由此看來，選擇致力於 ESG 的企業，可以幫助投資人「避凶」、避免血本無歸。

7-2

ESG永續ETF
搞懂產業布局再買進

前面章節曾提及，第一代 ETF 的選股邏輯是「市值越大越好」，但是市值越大不一定越賺錢，甚至有可能賠錢或是 ROE 較低，而且公司在人權、環境、治理方面可能有疏失。請記住，我們只有一個地球，要為子孫留下一個乾淨的環境。投資人應依照 ESG 的理念，選擇「永續經營」的企業。

國泰永續高股息：金融股比重較高

國泰永續高股息（00878）在前一章節中有介紹，這裡再拿它來當例子，說明 ETF 的基本觀念。

以國泰永續高股息為例 看懂 ETF 基本說明

項目	說明
保管銀行	台新國際商業銀行
經理費（%）	0.25
保管費（%）	0.035
收益分配	季配
標的指數	MSCI 台灣 ESG 永續高股息精選 30 指數
證券交易稅（‰）	1
次級市場交易手續費（‰）	最高 1.425
申購方式	現金（台幣）
現金申購／買回基數	500,000 受益權單位（500 張股票）

資料來源：國泰投信

❶ 保管銀行

買進 ETF 之後，如果發行的投信倒閉了，ETF 會不會變成壁紙？從上表可以看出，國泰永續高股息的保管銀行是台新銀行，所以就算國泰投信出事，投資人的資產保存在台新銀行，完全不會有損失。況且，國泰金控是台灣金融巨人，絕對會保障投資人的權益，就不用自己嚇自己了。

❷ 現金申購

國泰永續高股息是可以當成股票買賣的基金，當然可以向投

信申購,尤其是當股票大幅溢價時,投資人到投信用「淨值」申購,不但相對划算,還能運用市價與淨值的價差進行套利,不過,申購要以 500 張為單位,例如 500 張、1,000 張……如果是小額投資人,直接在股市購買還是比較方便。

記得國泰永續高股息在 2020 年 7 月 20 日上市的第 1 天,因為投資人蜂擁搶購,收盤時上漲 2.48%、溢價衝破 5%,後來我到國泰投信申購了 500 張,就是想要賺取溢價的幅度。

危機入市創造更高獲利

2020 年 7 月,國泰永續高股息掛牌上市時剛好碰上金融股除息,加上新冠肺炎疫情導致全球降息,壓縮了金融類股的獲利,使其股價下跌。這是為什麼呢?想知道原因,就必須了解 ETF 成分股的組成,以下拿 0056 來與它進行比較並說明。

0056 僅以殖利率來選股,而國泰永續高股息則是同時強調「ESG」和「高股息」,所以儘管兩者都是標榜「高股息」ETF,但是成分股的組成依然有些許不同。

從下頁表可以看出,國泰永續高股息中有 22.6% 是金融保險產業,比 0056 的 7.15% 還多,因此受到金融股走勢的影響也就比

0056 與國泰永續高股息產業占比

元大高股息（0056）		國泰永續高股息（00878）	
產業	比例（%）	產業	比例（%）
電子相關	60.56	電子相關	50.19
航運	8.52	金融保險	22.6
金融保險	7.15	通信網路	9.18
水泥	6.27	水泥	3.64
建材營造	5.17	紡織纖維	3.46
橡膠	3.36	塑膠	3.25
貿易百貨	2.98	食品	2.94
紡織纖維	2.93	貿易百貨	2.78
合計	96.94	合計	98.04

資料時間：截至 2021/7/9

較大。2020 年金融股除息後紛紛貼息，連帶地拖累其股價；但是自 11 月起金融股從低點反彈，其股價也一路往上。

2020 年 11 月初，國泰永續高股息宣布配息 0.05 元（當時股價在 15 元以下），那時有不少投資人表示失望，要賣出股票。投資人期望從高股息 ETF 多拿一點股利本是無可厚非，但是也要了解其配息是因為「僧多粥少」而被稀釋，加上金融股貼息導致股價弱勢，若在最不利的時間賣出股票，其實並非明智之舉。

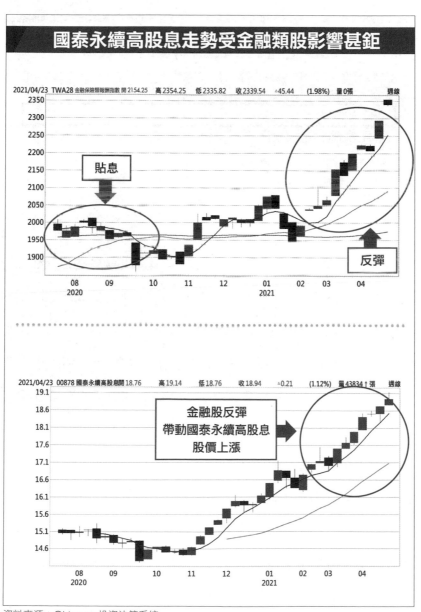

資料來源：CMoney 投資決策系統

ESG 主題 ETF 2021 年第 1 季表現

ETF 名稱	代號	2021 年第 1 季報酬率（％）	規模（億元）	投資人數*
國泰永續高股息	00878	14.1	176.8	140,537
元大台灣 ESG 永續	00850	13.22	91.9	65,928
富邦公司治理	00692	10.82	100.3	66,036

資料來源：CMoney，2021/3/31，報酬率採淨值還原；* 採集保中心集保帳戶人數資料，2021/4/9

　　國泰永續高股息是原型 ETF，有 30 檔績優股票當靠山，因此在配息不理想、成分股下跌時，反而是一個很好的買進時間點。如果在 2020 年 11 月初低點 14.4 元進場，在 2021 年 3 月底股價站上 18.45 元時賣出，短短 4 個月的價差是 4.05 元，報酬率高達 28.1%，是不是比領股利還要優渥呢？儘管高股息 ETF 可以呆呆抱著領股利，但是危機入市反而可以創造更高的利潤。

　　近年，被動投資蔚為風潮，根據集保結算所統計，2020 年有近百萬股民持有 ETF，創下 10 年來最大增幅。其中，國泰永續高股息更是受到 20 ～ 29 歲年輕股民的喜愛，可以看出新世代十分重視永續投資。2021 年第 1 季，國泰永續高股息的表現更是不負眾望，拿下 ESG 類型 ETF 的績效冠軍。

元大台灣 ESG 永續小檔案

代號	標的指數	經理費	保管費	收益分配	漲跌幅限制
00850	台灣永續指數	0.3%	0.035%	年配	10%

資料來源：元大投信，經理費依資產規模大小適用不同年率

$ 元大台灣ESG永續：可當低價0050投資

　　元大台灣 ESG 永續（00850），2019 年 8 月 23 日正式掛牌上市，是台灣第 1 檔 ESG 概念的 ETF。與 0050 一樣，是用市值來決定成分股和權重，但是元大台灣 ESG 永續受到「台積電條款」限制，台積電（2330）權重不能超過 30%，而且它的成分股檔數也不固定，不像 0050 是固定 50 檔。

　　元大台灣 ESG 永續約有 90% 成分股和 0050 重疊，如下頁表所示，前 10 大成分股中僅有 1 檔不同，所以也被稱為「小0050」。

　　雖然成分股差不多，但是元大台灣 ESG 永續的股價約只有0050 的 4 分之 1，好處是可以做資金配置，例如 2020 年 1 月 30日春節結束後股市開紅盤，但受到新冠肺炎疫情影響，當天 0050

元大台灣 ESG 永續與 0050 成分股比較

元大台灣 ESG 永續（00850）			元大台灣 50（0050）		
股票名稱	代號	持股權重（%）	股票名稱	代號	持股權重（%）
台積電	2330	28.07	台積電	2330	46.29
鴻海	2317	5.99	鴻海	2317	4.67
聯發科	2454	5.94	聯發科	2454	4.63
台達電	2308	2.9	台達電	2308	2.26
聯電	2303	2.63	聯電	2303	2.05
富邦金	2881	2.56	富邦金	2881	1.99
南亞	1303	2.11	台塑	1301	1.67
國泰金	2882	2.08	南亞	1303	1.64
長榮	2603	1.96	國泰金	2882	1.62
中鋼	2002	1.88	長榮	2603	1.53
總計		56.12	總計		68.35

資料時間：截至 2021/7/9

大跌 5.5 元，從春節前的 97.7 元直接下殺到收盤的 92.15 元。

假設投資人只有 10 萬元資金，看到 0050 大跌，見獵心喜在 92.15 元買進，沒想到之後 0050 一路跌到 68.55 元，此時就算想加碼也無現金。但是如果在 1 月 30 日先買進 1 張元大台灣 ESG 永續來試探，儘管後續股價持續下跌，但是手中依然有資金逢低

加碼，就可以慢慢買進以降低持有成本，增加往後的報酬率。

元大台灣 ESG 永續是在 2019 年 8 月 15 日成立，2020 年 11 月 20 日除息，配發 0.9 元，殖利率約 3.4% 不是太迷人。對於只想領股利的人，建議還是持有高股息 ETF，但若打算長期投資，0050、元大台灣 ESG 永續的報酬率應該會勝過高股息 ETF，原因就在於它們均持有台積電、鴻海（2317）、聯發科（2454）、台達電（2308）、聯電（2303）這些高市值的電子股。

$ 富邦公司治理：經理費低、權重分散

富邦公司治理（00692）成立於 2017 年 5 月 4 日，是國內第 1 檔以公司治理概念為投資主題的 ETF，追蹤證交所編製的「台灣公司治理 100 指數」，從公司治理評鑑的前 20% 中，加入流動性、財務指標等條件，篩選出 100 檔成分股。

富邦公司治理的特點是經理費只有 0.15%，應該是國內 ETF 中最低的，而且推出較早，所以沒有受到「台積電條款」的限制。下頁表列出富邦公司治理前 10 大成分股，可以看出與 0050 成分股相似，但是因為富邦公司治理有 100 檔成分股，分母變大了導致台積電的權重比 0050 還要少。

富邦公司治理小檔案

代號	標的指數	經理費	保管費	收益分配	漲跌幅限制
00692	台灣公司治理 100 指數	0.15%	0.035%	半年配	10%

資料來源：富邦投信

富邦公司治理與0050前10大成分股

富邦公司治理（00692）			元大台灣 50（0050）		
股票名稱	代號	持股權重（%）	股票名稱	代號	持股權重（%）
台積電	2330	40.16	台積電	2330	46.29
鴻海	2317	4.36	鴻海	2317	4.67
聯發科	2454	4.01	聯發科	2454	4.63
長榮	2603	2.47	台達電	2308	2.26
中華電	2412	2.35	聯電	2303	2.05
富邦金	2881	2.23	富邦金	2881	1.99
台達電	2308	2.18	台塑	1301	1.67
國泰金	2882	2.07	南亞	1303	1.64
南亞	1303	1.86	國泰金	2882	1.62
台塑	1301	1.75	長榮	2603	1.53
總計		63.44	總計		68.35

資料時間：截至 2021/7/16

富邦公司治理歷年配息記錄

年度	2017		2018		2019		2020	
配息	I	II	I	II	I	II	I	II
股利（元）	0.021	1.12	0.083	0.743	0.256	0.53	0.231	0.608
合計（元）	1.141		0.826		0.786		0.839	
年均股價（元）	21.2		21.3		21.5		24.7	
年均殖利率（%）	5.38		3.88		3.66		3.4	

資料來源：CMoney

　　和 0050 一樣，富邦公司治理也是半年配息，每年的 7 月、11 月進行除息，接著來看它過去的配息紀錄，從上表可見其殖利率和 0050 差不多。

　　下頁圖比較了富邦公司治理與 0050 的報酬率，發現兩者在伯仲之間，由於 0050 成分股中台積電的權重占比較高，當台積電狂飆時，0050 會贏過富邦公司治理。但是富邦公司治理比 0050 多持有 50 檔小型股，有時候又會超車 0050。

　　富邦公司治理增加了「公司治理」這個標準，相對 0050 來說還是比較進化一點。不過可惜的是，儘管它比 0050 多出 50 檔成分股，但是加起來的權重只有 5% 左右，難以發揮太大的助益，

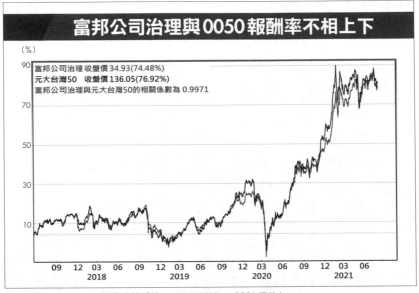

富邦公司治理與0050 報酬率不相上下

(%)

富邦公司治理 收盤價34.93(74.48%)
元大台灣50 收盤價136.05(76.92%)
富邦公司治理與元大台灣50的相關係數為 0.9971

資料來源：CMoney 投資決策系統，2017/5/17 ～ 2021/7/16

這是因為用市值來決定權重，光台積電 1 檔就占了快一半，也就
壓縮其他成分股的空間。

永豐台灣ESG：偏重半導體、電子產業

永豐台灣 ESG（00888）在 2021 年 3 月 31 日上櫃，成分股
包含 5G、電動車、金融股等族群，挑選邏輯是以滿足「ESG 分
數」與「股息高」這 2 項條件的台灣企業為主。

與國泰永續高股息一樣，永豐台灣 ESG 也強調「ESG」、「高

永豐台灣 ESG 小檔案

代號	標的指數	經理費	保管費	收益分配	漲跌幅限制
00888	富時台灣 ESG 優質指數	0.3%	0.035%	季配	10%

資料來源：永豐投信，經理費依資產規模大小適用不同年率

股息」、「季配息」這 3 大特點，從下頁表可以看出國泰永續高股息的持股比較分散，而永豐台灣 ESG 則偏重在前 3 大公司。

從 2 檔 ETF 持股的產業分布來看，永豐台灣 ESG 偏重在半導體和電子產業，前 3 大成分股分別為台積電、聯電、友達（2409），過去的殖利率都不高，恐怕會拖累其殖利率的表現，不過當電子股飆漲時反而能受惠。而國泰永續高股息則平均分散在金融、電腦和通信網路產業，因此可提供穩定的股利殖利率。

最後，來比較 4 檔 ESG 永續 ETF，在配息方面有年配、半年配、季配息可供投資人做選擇；經理費則是富邦公司治理最優，長期投資的成本最低，加上報酬率、配息和 0050 差不多，但是股價約只有 0050 的 4 分之 1，因此更適合小資族定期定額買進、長期投資。

永豐台灣 ESG 和國泰永續高股息主要成分股

永豐台灣 ESG（00888）			國泰永續高股息（00878）		
股票名稱	代號	持股權重（%）	股票名稱	代號	持股權重（%）
台積電	2330	24.08	緯創	3231	4.16
聯電	2303	19.35	國巨	2327	3.93
友達	2409	9.63	開發金	2883	3.93
日月光投控	3711	5.97	仁寶	2324	3.84
國泰金	2882	4.26	光寶科	2301	3.65
鴻海	2317	4.21	永豐金	2890	3.63
富邦金	2881	2.67	英業達	2356	3.58
環球晶	6488	2.59	兆豐金	2886	3.57
光寶科	2301	2.48	台泥	1101	3.56
玉山金	2884	2.45	華碩	2357	3.56
總計		77.69	總計		37.41

資料時間：2021/7/16

　　此外，4 檔標的中只有國泰永續高股息的成分股沒有台積電，推估是因為台積電的殖利率不佳，所以被標榜「高股息」的它所割愛。

　　儘管 ETF 已經持有幾十檔成分股，但是買進前還是要先了解指數編制和成分股的組成，才能夠挑選出適合自己的 ETF。

永豐台灣 ESG 和國泰永續高股息產業分布

永豐台灣 ESG（00888）		國泰永續高股息（00878）	
產業	比例（％）	產業	比例（％）
電子相關	79.22	電子相關	50.19
金融保險	11.74	金融保險	22.6
通信網路	3.35	通信網路	9.18
塑膠	1.81	水泥	3.64
水泥	0.83	紡織纖維	3.46
鋼鐵	0.65	塑膠	3.25
油電燃氣	0.5	食品	2.94
紡織纖維	0.35	貿易百貨	2.78
貿易百貨	0.21	－	－
汽車	0.09	－	－

資料來源：CMoney

4檔 ESG 永續 ETF 比較

ETF 名稱	代號	經理費（％）	保管費（％）	配息	規模（億元）	成立日期
富邦公司治理	00692	0.15	0.035	半年配	114.01	2017/5/4
元大台灣 ESG 永續	00850	0.3	0.035	年配	96.67	2019/8/15
國泰永續高股息	00878	0.25	0.035	季配	210.64	2020/7/10
永豐台灣 ESG	00888	0.3	0.035	季配	48.86	2021/3/23

資料時間：2021/7，除 00692 經理費為固定外，其餘 3 檔經理費均依資產規模大小適用不同年率

第三篇
海外市場
主題式ETF

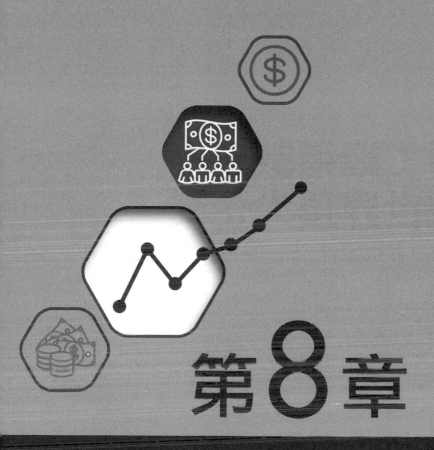

第8章

搞懂4大指數
多元布局美股

8-1

道瓊工業指數ETF
買進世界頂尖企業

美國是世界最大的經濟體，一舉一動都會影響全球經濟走勢，例如 2008 年美國發生次級房貸危機，金融風暴隨即席捲全球，造成台股大盤從 9,000 多點迅速滑落到 4,000 點之下。

台灣股市的表現主要參照「加權指數」（台灣加權股價指數），這是由政府所編列，成分股包含了所有在台上市的股票。美國各大指數則是由不同的民營證交所，依照自有的邏輯與方式編制，所以沒有任何一個指數可以囊括所有美股上市公司。

其中最具代表性的有4大指數：道瓊工業（Dow Jones Industrial Average,DJI）、那斯達克（Nasdaq Composite Index）、標普500（Standard & Poor's 500 Index,SPX）、費城半導體（PHLX Semiconductor Sector Index,SOX），本章節將針對這4大指數逐一解析。

$ 道瓊工業指數 與民生消費息息相關

道瓊工業指數創立於1896年，是美國4大指數中歷史最悠久、最知名，也是被各國引用最廣泛的美股指數。成分股由30家知名「藍籌股」（Blue Chip）所組成，僅代表美國藍籌股走勢，而非整體股市。「藍籌」的由來是因賭場中藍色的籌碼價值最高，所以藍籌股代表經營優秀且穩定的大公司股票。

道瓊工業指數創立時，美國正處於「工業革命」時代，所以名稱中有「工業」這2個字，如今的道瓊成分股則是包含寶僑（P&G）、嬌生（Johnson & Johnson）、可口可樂（Coca-Cola）、沃爾瑪（Walmart）……世界上首屈一指的民生企業，不論是上班出差、日常採買、旅遊度假等，生活中都離不開

這些公司的產品。

❶ 上班出差

蜘蛛人彼得帕克（Peter Parker）出差時，攜帶內建英特爾（Intel）處理器的微軟（Microsoft）筆電，使用威訊通訊（Verizon）的行動網路，登入高盛證券（Goldman Sachs）帳號來投資股票。

❷ 日常採買

神力女超人到沃爾瑪百貨購物，用 Visa 信用卡付費，買了寶僑的清潔劑及安進（Amgen）的保健藥品，接著再去吃麥當勞（McDonald's）漢堡、喝可口可樂。

❸ 運動休閒

偵探電影中，詹姆士龐德（James Bond）戴著嬌生的隱形眼鏡、穿上 3M 護膝與 Nike 球鞋，帶著蘋果（Apple）手錶，全副武裝參加波士頓馬拉松比賽。

❹ 旅遊度假

美國動畫影集《辛普森家庭》全家人搭乘波音（Boeing）飛機，觀看迪士尼（Disney）出品的復仇者聯盟電影，準備前往歐洲度假，出發前他們用摩根大通（JP Morgan）銀行

帳戶支付旅費，以及旅行家（Travelers）的車險費。

毫無疑問，道瓊工業指數可以當成「民生必需」指數，30 支成分股幾乎都是世界上最優秀的企業，長期投資就能參與這些大企業的成長。

最特別的是，道瓊工業指數是以「股價」加權，股價越高所占的權重越大，因此就算是低價股大漲，也會被高價股的輕微下跌所抵銷，這是道瓊工業指數與其他指數最大的不同之處。股神巴菲特在 2017 年 9 月曾預言，道瓊工業指數在未來 100 年內，將有望一路拉升至 100 萬點以上。

目前，想在國內投資道瓊工業指數，有 3 檔 ETF 可供參考。

$ 國泰美國道瓊：逢低加碼是最佳策略

因為國泰美國道瓊（00668）是追蹤道瓊工業指數，所以成分股就是道瓊的 30 支股票，屬於原型 ETF，非常適合長期投資，統計自 2016 年 10 月 17 日上市到 2021 年 4 月 23 日的累積報酬率為 76%。由於其成分股是美國最大的 30 支藍籌股，不會同時倒閉，危機入市是投資指數的最好方法。

2020 年 3 月道瓊指數因為新冠肺炎疫情重挫，但國泰美國道瓊

3檔ETF追蹤道瓊工業指數

ETF 名稱	國泰美國道瓊	國泰美國道瓊正2	國泰美國道瓊反1
代號	00668	00852L	00669R
標的指數	道瓊工業指數	道瓊工業單日 正向2倍指數	道瓊工業單日 反向指數
基金類型	海外ETF	槓桿型ETF	反向型ETF
經理費（%）	0.45	0.85	0.85
保管費（%）	0.18	0.18	0.18
股利分配	滾入淨值不分配	滾入淨值不分配	滾入淨值不分配
證券交易稅 （‰）	1	1	1
漲跌幅限制	無	無	無
投資策略	長期持有	短線價差	短線價差

資料來源：國泰投信

的成交量隨即大幅增加（見 P178 上圖），可以看出，聰明的投資人趁大跌時勇敢進場加碼，其1年後的報酬率超過 70%。

想長期投資國泰美國道瓊，「定期定額＋逢低加碼」是最好的方法。我習慣參考週 KD，在黃金交叉時可以買在相對低點，至於死亡交叉時要不要賣出，則要看你的策略。總結來說，低點持續買進然後長期持有，是最穩健的投資方式。若想要賺價差，則要看個人功力，而且 KD 指標僅供參考，不一定穩賺。

國泰美國道瓊30檔成分股

股票名稱	中譯名稱簡稱	權重(%)	股票名稱	中譯名稱簡稱	權重(%)
Unitedhealth Group Inc	聯合健康	7.36	Nike Inc B	耐吉	2.83
Goldman Sachs Group Inc	高盛	6.54	Travelers Cos Inc	旅行家	2.73
Home Depot Inc	家得寶	5.66	JP Morgan Chase & Co	摩根大通	2.72
Microsoft Corp	微軟	4.92	Apple Inc.	蘋果	2.6
Visa Inc A	Visa	4.36	Wal-Mart Stores	沃爾瑪	2.48
Amgen Inc	安進	4.32	Intl Business Machines Corp	IBM	2.46
Salesforce.Com Inc	Sales-force	4.16	Procter & Gamble	P&G 寶僑	2.44
McDonalds Corp	麥當勞	4.15	Chevron Corp	雪佛龍	1.78
Honeywell Intl Inc	漢威聯合	4.08	Merck & Co Inc	默克藥廠	1.37
Boeing Co	波音	3.9	Dow Inc	陶氏化學	1.08
Caterpillar Inc	開拓重工	3.7	Coca-Cola Co	可口可樂	0.99
3M Co	3M	3.55	Verizon Communications Inc	威訊通訊	0.99
Walt Disney Co	迪士尼	3.23	Intel Corp	英特爾	0.98
American Express Co	美國運通	3.03	Cisco Systems Inc	思科	0.94
Johnson & Johnson	嬌生	2.95	Walgreens Boots Alliance Inc	沃博聯	0.81

資料來源：國泰投信，2021/7/15

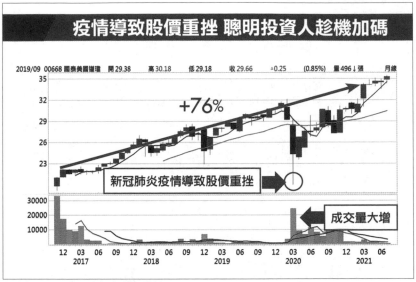

資料來源：CMoney 投資決策系統

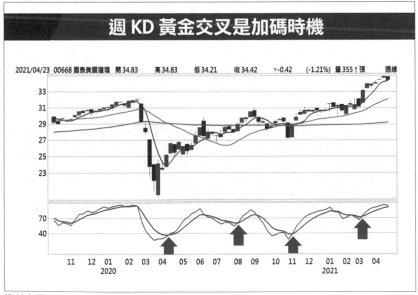

資料來源：CMoney 投資決策系統

國泰美國道瓊正2：有槓桿效果無融資風險

使用槓桿投資，可以發揮以小博大的效果，例如正 2 ETF、期貨、融資。由於正 2 ETF 沒有到期、口數限制、保證金追繳等煩惱，也沒有融資利息的成本，對保守的投資人來說相對安全。

投資槓桿型 ETF 要有耐心，等機會到了再出手，因為國泰美國道瓊正 2（00852L）是在 2019 年 8 月 22 日推出，所以我主要是參考週 KD，如下頁圖所示，2020 年有 2 個不錯的買進點：分別是 3 月新冠肺炎疫情爆發與 10 月美國總統大選前。疫情最嚴重時，國泰美國道瓊正 2 股價最低為 6.31 元，至 2021

道瓊正2是較佳的選擇

商品名稱	到期平倉	期貨保證金追繳	口數限制	融資成本	融資保證金追繳	槓桿倍數	轉倉價差
道瓊正 2 ETF	無	無	無	無	無	2倍	小
小道瓊期貨	有	有	有	無	無	約20倍	小
融資買進美國道瓊 ETF	無	無	無	有	有	2.5倍	無

說明：槓桿倍數可能依市場狀況而有變化

年4月股價超過20元，漲幅非常迷人。從上述例子可見，當碰到重大利空時，在低點買進國泰美國道瓊正2，確實可以發揮槓桿操作的威力。

國內的道瓊ETF系列，還有反向型的國泰美國道瓊反1（00669R），由於美國經濟長期走勢往上，加上2020年肺炎疫情，各國推出寬鬆的財政及貨幣政策，在資金行情下造成全球股市欣欣向榮，此時不宜長期持有反1以免受傷，並且要做好停利和停損，不要賭身家。

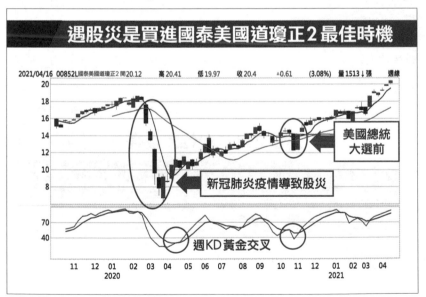

資料來源：CMoney投資決策系統

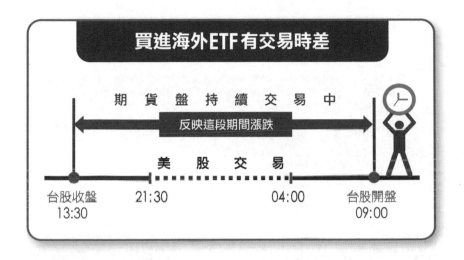

買進海外ETF有交易時差

期 貨 盤 持 續 交 易 中

反映這段期間漲跌

美 股 交 易

台股收盤　　21:30　　　　　04:00　　台股開盤
13:30　　　　　　　　　　　　　　　　09:00

$ 國泰美國道瓊反1：要注意期貨盤走勢

由於台灣和美國存在時差，以短線操作為主的槓桿型 ETF（如國泰美國道瓊正 2）、反向型 ETF（如國泰美國道瓊反 1）容易受到影響。而且正 2、反 1 的 ETF 都是持有期貨，所以操作時不能只看美股，還要注意小道瓊期貨的走勢。

小道瓊期貨是以道瓊工業指數為追蹤標的，1 天交易 23 小時，有時候美股收盤大跌，但是台灣道瓊 ETF 卻是上漲，就是因為時差與小道瓊走勢的緣故。

接著舉實例說明，2020 年 3 月 23 日晚間，道瓊指數大

指數下跌 反向型ETF應上漲？

指數	成交價（美元）	漲跌點	漲跌幅（%）
道瓊指數（DJI）	18,591.9	582	-3.04
國泰美國道瓊反1（00669R）	16.3	-0.7	-4.12

資料時間：2020/3/23~2020/3/24

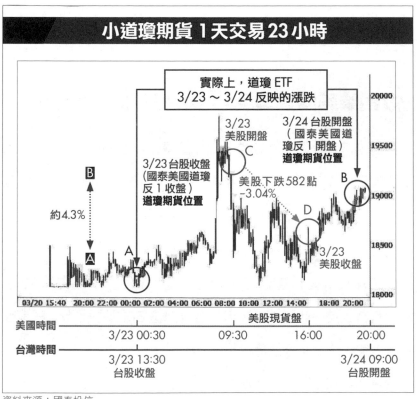

資料來源：國泰投信

跌 582 點，跌幅 3.04%；但是隔天台灣股市開盤，道瓊反向 ETF 卻是下跌，照常理來判斷應該上漲，原因在哪裡呢？從左頁下圖來看實際的股價走勢，可以看出，儘管美國現貨盤下跌（C → D），但是 3 月 23 日台灣股市收盤到隔天開盤期間（A → B），小道瓊期貨卻是上漲。

在台灣交易的國泰美國道瓊反 1，其價格是反映小道瓊期貨 A 到 B 點的變化（上漲），所以才會發生凌晨美股收盤重挫，台股反向型 ETF 卻是下跌的現象。投資海外槓桿、反向型商品除了時差干擾外，也因為這些標的都持有期貨，不僅要看現貨盤，還要注意期貨盤的走勢。不過，如果是長期投資原型 ETF，則可以忽略時差的影響。

8-2

費城半導體指數ETF 與台股高度相關

費城半導體指數（PHLX Semiconductor Sector Index, SOX）創立於 1993 年，涵蓋半導體設計、設備、製造、銷售與配銷等產業，是全球半導體產業主要指標之一，台積電的 ADR 也包含在費城半導體指數中。截至 2021 年 4 月為止，台積電（2330）占台股大盤權重達 30.6%，因此可以說台股走勢和費城半導體的關連性非常高。

國泰費城半導體：指數下跌15%是好買點

目前，在台灣若想投資費城半導體指數，可以布局國泰費城半

國泰費城半導體小檔案

代號	標的指數	經理費	保管費	收益分配	漲跌幅限制
00830	美國費城 半導體指數	0.45%	0.11%	年配	無

資料來源：國泰投信，經理費依資產規模太小適用不同年率

導體（00830），基本資料如上。

國泰費城半導體是在 2019 年 5 月 3 日掛牌上市，編寫本書時只有 1 次配息紀錄，是在 2020 年 12 月發放 0.32 元現金股利，年均殖利率僅 1% 多。

半導體產業需要不斷投入盈餘來開發新製程，所以股利殖利率都不高，例如 2021 年第 1 季台積電只有 1.66%，因此投資半導體是以賺取資本利得（價差）為主。

從下頁表可見，國泰費城半導體前 20 大持股中有輝達（Nvidia）、德州儀器（Texas Instruments）、超微（Adv Micro Devices）、高通（Qualcomm）、英特爾（Intel）、博通（Broadcom）等半導體龍頭企業，其中，台積電的權重占比為 3.77%。

國泰費城半導體前20大持股

股票名稱	中譯名稱簡稱	權重（%）	股票名稱	中譯名稱簡稱	權重（%）
Texas Instruments Inc	德州儀器	8.28	Applied Materials Inc	應用材料	3.83
Intel Corp	英特爾	8.11	Taiwan Semicond Ads	台積電	3.77
Broadcom Inc	博通	8.04	Lam Research Corp	科林研發	3.72
Nvidia Corporation	輝達	7.62	NXP Semiconductors	恩智浦半導體	3.65
Qualcomm Inc	高通	7.05	Asml Hldg Ny Reg	艾司摩爾	3.63
Marvell Tech Group	邁威爾科技	4.31	Microchip Technology Inc	微芯科技	3.55
Analog Devices Inc	亞德諾半導體	4.15	Skyworks Solutions Inc	思佳訊通	2.32
Kla-Tencor Corp	科磊	3.93	Monolithic Power Sys	芯源系統	1.88
Adv Micro Devices	超微半導體	3.89	On Semiconductor	安森美半導體	1.7
Micron Technology Inc	美光科技	3.87	Teradyne Inc	泰瑞達	1.59

資料來源：國泰投信，2021/10/7

只要 AI、5G、AR、VR、自駕車、機器人、太空產業等科技持續進步，半導體的需求就會越來越大！若看好半導體產業成長，同樣可以採用「定期定額＋逢低加碼」策略長期投資。

費城半導體指數創高後回檔的報酬率

費城半導體指數創高後回檔幅度（%）	5～10	10～15	15以上
進場投資6個月平均報酬（%）	13.6	24	44.2

資料時間：2010/1/1～2020/9/25

接著來討論逢低加碼的時機，除了採用 KD 指標之外，由於指數不可能一路漲不停，指數「創高後回檔」是觀察的方向之一。上表是 2010 年 1 月 1 日至 2020 年 9 月 25 日期間，費城半導體指數創高後回檔的報酬率。

歷史往往會一再重演，2020 年 3 月因為新冠肺炎疫情蔓延，國泰費城半導體股價 1 個月就重挫 36%，在最恐慌的時候股價甚至不到 12 元，但是當週 KD 在 4 月黃金交叉後，股價隨即一路往上，在 2021 年 4 月初站上 29 元，1 年漲幅高達 140%，再次驗證指數創高後回檔是買進的好時機，而且當回檔幅度越多，平均報酬率也越高。

指數何時會再次回檔修正，我無法預測。不過，隨著科技進步，半導體需求應該是有增無減，產業趨勢有望長期向

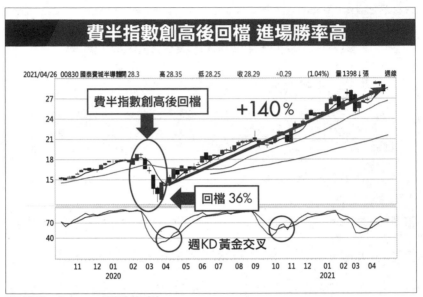

資料來源：CMoney 投資決策系統

上，此時，最簡單的投資方法便是「定期定額、逢低加碼、不要賣」，而且當指數修正 15% 以上時，往往是加碼的最好時機。

8-3

標普500指數ETF
最能代表美國股市

標普 500 指數（簡稱 S&P 500）由標準普爾（Standard & Poor's）在 1957 年 3 月 4 日推出，以市值加權計算，成分股包含了 500 家美國大型上市公司，占美國股市總市值約 80%。2001 ～ 2020 年標普 500 指數的年化報酬率約為 8.2%。

$ 元大S&P 500：費用率相對海外ETF高

目前，在台灣若想投資標普 500 指數，可以買進元大 S&P 500（00646），基本資料如下頁表。

2019 年，股神巴菲特接受美國 CNBC 財經台採訪時表示：

元大S&P 500 小檔案

代號	標的指數	經理費	保管費	收益分配	漲跌幅限制
00646	標普500 指數	0.5%	0.21%	年配	無

資料來源：元大投信，經理費依資產規模大小適用不同年率

3檔追蹤S&P 500指數的ETF

ETF 名稱	代號	成立時間	總費用率（%）	交易貨幣	購買方式
元大 S&P 500	00646	2015/12/14	0.66	台幣	國內券商
SPDR S&P 500 ETF Trust	SPY	1993/1/22	0.0945	美元	海外券商
Vanguard S&P 500 ETF	VOO	2010/9/7	0.03（最優）	美元	海外券商

資料來源：CMoney

「如果 1942 年拿 1 萬美元投資標普 500 指數基金的話，現在將收穫 5,100 萬美元」。此外，巴菲特更規劃在他過世後，將 90% 的資產都投資於標準普爾 500 指數。

追蹤標普 500 指數的 ETF，除了國內的元大 S&P 500，國外也有 2 檔十分具代表性的 ETF，接著來比較這 3 檔 ETF 的差異。

　　長期投資時，基金公司收取的費用是影響報酬率的重要指標，從下圖可以看出，3檔ETF同樣都是追蹤標普500指數，但是費用率最低的Vanguard S&P 500 ETF（VOO），報酬率卻最高。

　　台灣投信公司要投資海外商品，成本自然會比較高，因此元大S&P 500績效敬陪末座，相信大家也可以理解。不過，即使如此，元大S&P 500仍適合定期定額、逢低買進來長期投資。

　　可是，一定有投資人會想，若是使用國外券商購買美股，不是可以享受較低的管理費率，並增加報酬率嗎？其實，事情並沒這

資料來源：CMoney 投資決策系統，2015/12/14 ～ 2021/7/16

麼簡單，透過海外券商買進美股也是有風險。

風險❶ 安全性

海外網路券商並沒有在台灣設立機構，不受台灣法規約束。

風險❷ 語言障礙與資料蒐集

如果海外券商出事，投資人就必須自行處理，除了要弄懂國外相關規定、蒐集資料佐證，進行溝通協調時也可能有語言障礙。

風險❸ 資產難追回

如果投資人意外過世，卻未事先將海外資產向家人交代清楚，繼承人必須跨海打官司，耗費金錢和心力。

風險❹ 稅務處理

美股每年第2季會進行退稅作業，將前一年預扣30%的股利稅，退回部分給投資人，台灣投資人若是直接透過國外券商購買美股，想退稅就必須自己處理。

目前，台灣境內唯一合法的國外證券投資方法就是「複委託」，透過國內的券商到海外幫你下單，買進股票或ETF，例如VOO。優點是你的股票都放在國內券商，一旦出意外，沒有繼承的困擾；缺點是手續費較高，通常買進時單筆收取4美元、賣出時收取35美元（每家券商的費用有些許不同）。

如果每個月定期定額買進 100 美元，手續費率高達 4%，比起台股交易 0.1425% 的手續費高出不少。因此使用複委託時，一次至少要投資 2,000 美元以上才比較划算，而且要長期投資，不建議頻繁地短線進出。如果要短線做價差，還是以國內的美股 ETF 為宜，不但買賣方便而且手續費比複委託便宜。

8-4

那斯達克100指數ETF
可當蘋果、微軟股東

那斯達克指數（Nasdaq Composite Index, NDX）成立於 1971 年，成分股包含所有在美國那斯達克上市的股票，再根據市值加權計算出來的指數。成分股以科技股為主包括蘋果、英特爾、微軟等公司，約占 40% ～ 50%，此外，也包含消費、醫療保健、金融等產業。

由於那斯達克指數成分股太多，將近 3,000 家公司，因此多數相關 ETF 是追蹤那斯達克 100 指數。那斯達克 100 指數於 1985 年開始編製，是從那斯達克指數中剔除金融類股後，選擇市值前 100 大的公司，並依據市值計算權重。

富邦Nasdaq：前3大持股權重高

在台灣若想投資那斯達克 100 指數，可以買進富邦 Nasdaq（00662），其主要成分股都是台灣投資人耳熟能詳的科技公司，像是蘋果（Apple）、微軟（Microsoft）、亞馬遜（Amazon）、特斯拉（Tesla）、臉書（Facebook）、字母控股（Alphabet，Google 母公司）等，這些企業都是全球數一數二的頂尖企業。

由於採用市值計算權重，不可避免會集中在少數大公司，根據

富邦 Nasdaq 前10大成分股

股票名稱	中譯名稱簡稱	權重（％）	股票名稱	中譯名稱簡稱	權重（％）
Apple Inc	蘋果	11.14	Alphabet Inc -Cl A	字母控股 A 股	3.91
Microsoft Corp	微軟	9.99	Tesla Inc	特斯拉	3.83
Amazon.com Inc	亞馬遜	7.7	Nvidia Corp	輝達	3.73
Alphabet Inc -Cl C	字母控股 C 股（Google 母公司）	4.21	PayPal Holdings Inc	PayPal	2.28
Facebook Inc	臉書	3.99	Adobe Inc	Adobe	2.11

資料來源：富邦投信，2021/9

2021 年 9 月資料顯示，統計其前 3 大成分股占了 28.83% 的權重，而前 10 大持股占比則超過 50%。

除了股票外（至少 70%），根據富邦投信資料說明，富邦 Nasdaq 會搭配期貨部位，目的是讓報酬率貼近那斯達克 100 指數。此外，富邦投信另外還推出富邦 Nasdaq 桿槓型和反向型 ETF，這 3 檔 ETF 比較如下表。

2020 年 3 月底新冠肺炎疫情後，美國科技股開始反轉，富邦 Nasdaq 股價也從低點的 25.6 元，大漲到 2021 年 4 月的 51 元。如果看好美國大型科技股未來的發展，可以長期持有原型的富邦 Nasdaq，並趁低點時持續加碼富邦 Nasdaq 正 2。

富邦Nasdaq 100原型、槓桿、反向型ETF

ETF 名稱	代號	標的指數	經理費(%)	保管費(%)	收益分配	漲跌幅限制
富邦 Nasdaq	00662	Nasdaq 100 指數	0.3	0.21	無	無
富邦 Nasdaq 正 2	00670L	Nasdaq 100 正向 2 倍指數	0.89	0.2	無	無
富邦 Nasdaq 反 1	00671R	Nasdaq 反向 1 倍指數	0.89	0.18	無	無

資料來源：富邦投信

NOTE:

第三篇
海外市場
主題式ETF

第9章

投資中國
先從追蹤指數挑起

上海、深圳ETF
進場前先掌握4重點

中國挾帶 14 億人口，消費實力龐大，其中的商機無限。例如中國工商銀行是世界規模最大的金融機構，貴州茅台則是 A 股股王，而電動車三巨頭之一的蔚來汽車在 2020 年更是大漲 10 倍，還有騰訊、阿里巴巴這些獨角獸企業，投資人怎麼可以不關心中國股市呢？

不過，想在陸股淘金，一定要注意以下幾件事。

重點❶：搞清追蹤指數及成分股

通常一個國家只會有一個證券交易所，但是中國有 2 個交易

所，還有中小板、創業板、新三板……等不同交易市場；追蹤中國股市的指數，除了上證指數和深圳指數之外，還有由摩根士丹利國際資本公司（MSCI）所編製、追蹤中國概念股表現的MSCI 中國指數，比起台灣股市真的是複雜太多了。幸好有簡單的指數型 ETF 可以投資，但是即使如此，還是要先了解 3 種主要指數的類型，如下表所示。

2020 年因為新冠肺炎疫情，全球央行紛紛推動寬鬆貨幣政策，進而引發資金狂潮，大量資金流向科技類股，推升深圳A 股及 MSCI 中國指數的報酬率。相較而言，主要成分股是金融、地產、酒類的上證綜合指數（上海 A 股），以市值統計有

陸股 3 大指數類型

投資地區	2020年漲跌幅(%)	2021年*漲跌幅(%)	主要成分股	相關指數
上海A股	13.91	1.02	金融、地產、酒類	富時A50、上證50、上證180、滬深300
深圳A股	35.25	0.97	網路科技、消費	深證100、深證中小板、滬深300
MSCI中國	27.32	-4.01	資訊科技	MSCI 中國指數

説明：* 資料截至 2021/7/19

超過一半是金融業,由於消費與科技類股較少,漲幅也就比較落後。

儘管上海 A 股在 2020 年漲幅相對落後,但是最大成分股貴州茅台,受惠於農曆春節的宴客和送禮習俗,2021 年 1 月至 2 月 10 日的漲幅高達 30%,帶動 A50 指數上漲 13%,所以投資人可以善用春節旺季效應,投資富時中國 A50 指數(上海、深圳 A 股市場中最大 50 家公司組成的指數)相關 ETF 來短線獲利。

但是如果投資人想要用 A50 來投資阿里巴巴、騰訊、小米、蔚來汽車等中國科技巨頭就一定要失望了,因為它們並不屬於 A 股,而是在海外的香港、紐約掛牌。因此,在選擇陸股基金或 ETF 之前,要先搞清楚其追蹤的指數及成分股,以免買錯標的。

重點❷:以賺取資本利得為目標

陸股企業配息率都不高,因此在台灣發行的陸股 ETF 幾乎都不配息,主要原因是中國的上市公司,傾向將獲利拿來再投資,以產生複利效果。也就是說,投資陸股 ETF,主要是賺取長期的資

本利得，以及短線的價差。

截至 2021 年 5 月為止，台灣只有 2 檔陸股 ETF 有配息，第 1 檔是元大 MSCI A 股（00739），2020 年 10 月 28 日配息 0.5 元，年化配息率只有 1.96%。另一檔則是 2021 年 2 月 4 日由中信投信推出的中信中國高股息（00882），是台灣目前唯一具有「高股息」題材的陸股 ETF，根據過去指數表現，中信中國高股息預估年化配息率約 7%。

重點❸：主要資金動能來自散戶

台灣股市以外資和法人為主，自然人交易量約占 5 成；中國與台灣不同，對外資限制頗多，因此股市主要動力來自散戶。根據上海證券交易所統計，A 股自然人投資開戶數近 2 億戶，占成交比重約 8 成以上。近年來中國政府雖然不斷放寬對外資的限制，但散戶仍是主導中國股市的最大力量。

中國股市不只散戶多，而且比台灣投資人更瘋狂。根據中國興業證券研究指出，2008 ～ 2017 年，中國個人投資者平均週轉率接近 700%，相較起來，台股 2020 年的週轉率只有 101.35%。過高的週轉率造成中國股市易大漲、大跌，例如股

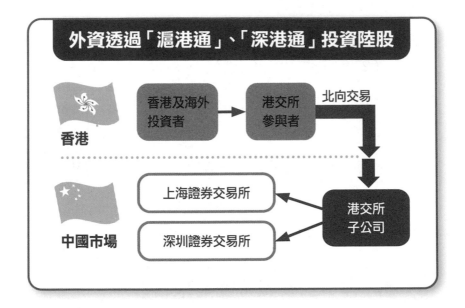

王貴州茅台從 2021 年 2 月 10 到同年 3 月 9 日，1 個月內就跌掉了 25.5%。

重點❹：外資須透過香港匯入資金

中國為了健全股市，持續對國際開放資本市場，於是外資成為陸股的重要薪火。外資可以透過「滬港通」、「深港通」這 2 個管道，從香港將資金匯進中國，投資上海和深圳股市，這就是所謂的「北向資金」。

同樣的，中國境內的資金也可以透過「滬港通」、「深港通」

匯到香港，這就是「南向資金」。除了觀察流入的絕對金額外，也要注意前一年度的同期變化比率。根據中國中信證券統計，2020 年因為疫情影響，北向資金較 2019 年減少了 40%，但是因為中國資金流量龐大，就算減少了 40%，依然有 2,000 億人民幣的淨流入，也造就了上證 A 股的上漲走勢。

陸股種類與差異

種類	說明	上市地點	計價幣別
A 股	● 在中國註冊、上市的公司，以人民幣交易。 ● 非中國公民須取得 QFII 額度或透過滬深港通機制才能投資。	中國	人民幣
B 股	● 由中國註冊、成立的公司發行，以外幣在 B 股市場上市及交易。 ● 主要開放給境外人士或機構，流動性較差。	中國	上海：美元 深圳：港幣
紅籌股	在中國以外地區註冊、香港發行上市的陸資企業，尤其是指具官方背景的股票，故俗稱「紅籌股」。	香港	港幣
國企股	在中國境內註冊、香港發行上市的股票，主要股東為中國國有企業或部門，而最大股東為國家，俗稱 H 股。	香港	港幣
境外股	在海外掛牌、外資可以買賣的中國股票為主，例如美股 ADR，一般也稱為中概股或境外中企。	美國為主	美元

富時中國A50指數 囊括滬深最強龍頭股

富時中國 A50 指數（簡稱中國 A50），在 1999 年 12 月 1 日創立。指數包含上海與深圳證券交易所股票市值最大的 50 家公司，是最能代表中國 A 股市場的指數，同時也是國際投資人衡量中國市場的重要指標，具有以下特色。

特色① 規模大

全球以富時中國 A50 指數為標的的 ETF 規模，遠勝於其他陸股指數（不含中國境內 ETF），可見它在海外市場具高度認同。

特色② 涵蓋廣

一次涵蓋上海、深圳 2 個股市中市值最大、代表性最強的 50

支A股，包括位居中國10大名酒之首的貴州茅台、最大物流商順豐控股、AI安防企業巨頭海康威視等。

特色❸ 可避險

目前全球外資投資陸股主要是參考A50指數，因為其資金效益最強，同時，A50指數也是陸股主要指數中唯一有境外期貨可避險的標的。

追蹤富時A50指數的ETF都沒有配息，台股交易以國泰中國A50（00636，原型）、國泰中國A50正2（00655L，2倍槓桿）、國泰中國A50反1（00656R，反向）較為便利，且為台幣計價不用擔心匯率。

富時中國A50指數小檔案

指數編製公司	富時指數公司（FTSE）
指數基礎貨幣	人民幣
成分股選取規則	由富時中國A全指中，選取市值最大的50檔成分股
調整頻率	●定期：3、6、9、12月 ●不定期：成分股有特殊事件發生，影響指數代表性和可投資性時，將做必要的調整
彭博代碼	XIN9I Index

資料來源：國泰投信

台股追蹤富時A50指數的ETF

ETF 名稱	代號	經理費（%）	發行單位	幣別	配息	規模（億元）
國泰中國A50	00636	0.95	國內	台幣	滾入淨值	38.32
國泰中國A50正2	00655L	0.95	國內	台幣	無	64.08
國泰中國A50反1	00656R	0.95	國內	台幣	無	1.75

資料時間：截至 2021/6/30，00636 的經理費依資產規模大小適用不同年率，另 2 檔經理費則為固定

國泰中國A50：投資上海、深圳產業龍頭

追蹤「富時中國 A50 指數」的國泰中國 A50，直接投資上海、深圳兩大市場中市值最大、代表性最強的 50 檔 A 股，基本資料如右表所示。

國泰中國 A50 成分股多是鎖定日常消費股，例如酒精類的貴州茅台、五糧液，常受惠中秋、春節等旺季的送禮和宴客需求，可以在節慶前提前布局；金融則包含中國平安、招商銀行、中信證券、興業銀行等大型機構；而伊利股份、萬科 A、格力電器、恆瑞醫藥，則是瞄準傳統民生產業。

國泰中國 A50 小檔案

代號	標的指數	經理費	保管費	收益分配	漲跌幅限制
00636	富時中國 A50 指數	0.95%	0.1%	不分配	無

資料來源：國泰投信

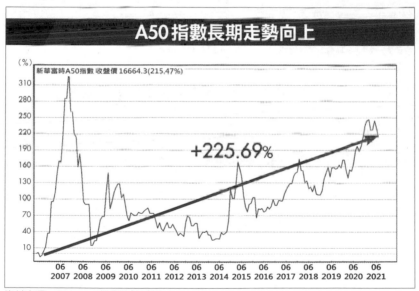

A50 指數長期走勢向上

資料來源：CMoney 投資決策系統

　　隨著中國經濟的發展，A50 指數有長期往上的趨勢，統計 2006 年 6 月到 2021 年 6 月，漲幅為 225.69%，平均年化報酬率約 5.6%。

　　儘管 5.6% 的年化報酬率看起來似乎不錯，但是如果不幸買在

2007 年的高點，現在恐怕還是賠錢。因此「逢低加碼」是投資指數的最佳技巧之一，如果投資人在 2008 年金融海嘯、2012 年歐債危機、2015 年陸股重挫、2018 年中美貿易戰、2020 年新冠肺炎等危機時，持續加碼買進 A50 指數，就可降低成本並增加報酬率。

💲 創造高報酬 必學3投資法

以下拿國泰中國 A50 為例，說明如何運用下列 3 種方法有效拉高投資報酬率。

方法❶ 定期定額搭配逢低加碼

國泰中國 A50 沒有發放股利，所以投資人主要還是賺取價差。投資指數最簡單的方法就是定期定額買進，成本就會是長期股價的平均值，如右頁圖橫線所示，定期定額買進的平均成本約 20 元，但是請注意「長期」兩字，只有長期投資才能發揮效益。

定期定額只能買在平均值，無法得到超額報酬，所以還要搭配「逢低加碼」策略，才能增加報酬率。A50 指數不可能歸零，中國上海、深圳前 50 大市值的企業不可能同時倒閉，所以只要

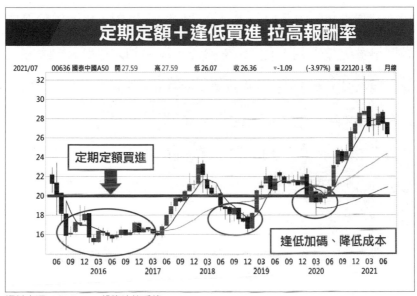

資料來源：CMoney 投資決策系統

碰到大跌，閉著眼睛用力買就對了。

　　如上圖，2015 年陸股崩盤、2018 年中美貿易戰、2020 年新冠肺炎等危機時，勇敢逢低加碼國泰中國 A50 就可以將平均成本從 20 元降到 18 元附近，到了 2021 年初股價站上 32 元，報酬率為 77.8%。定期定額搭配逢低加碼，是投資指數最安穩的方法。

方法❷ 參考月 KD 指標

　　此外，也可以參考 KD 指標來操作，前面說到 A 股的一些重

大利空事件，從中可以看出景氣循環至少需要 1 年，由於區間較長，我習慣採用「月 KD 指標」。當月 KD 在低點黃金交叉時，通常表示股價要從谷底反彈；而月 KD 在高點死亡交叉時，則有可能過熱，要從高點反轉。

如下圖所示，採用月 KD 操作國泰中國 A50，從 2017 ～ 2021 年有 3 個循環週期，總報酬率為 128%，平均年化報酬率是 23%，相當不錯！

投資人有時候經常糾結於要看日 KD、週 KD 或者是月 KD，其

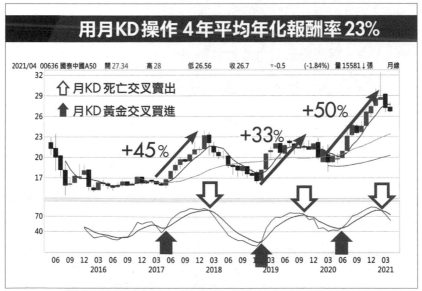

資料來源：CMoney 投資決策系統

實主要還是要看個人的操作功力，日 KD 比較靈活，但也容易因為一些突發事件的影響，例如中美貿易戰、新冠肺炎等，導致投資人反應不及而誤判。

A50 成分股大多是民生必需產業，往往受惠於春節旺季效應，而且根據觀察，除了 2019 年受中美貿易戰加劇影響而下挫外，每年股價的波段高點通常是在農曆春節前，因此可以提前布局買進，不過要注意的是，股價是反映未來，春節之後就是淡季，投資人若是做價差，記得要提早出脫。

資料來源：CMoney 投資決策系統

方法❸ 低點可槓桿投資

國泰中國 A50 正 2 是追蹤 A50 指數的 2 倍槓桿 ETF，在低點加碼可以發揮以小博大的威力。如上頁圖所示，當月 KD 黃金交叉時買進，月 KD 死亡交叉時賣出，3 次操作的總報酬率為 269%，年化報酬率高達 38%。

國泰中國 A50 是原型 ETF，持有 50 支中國大型企業，適合長期投資。國泰中國 A50 正 2 是槓桿型 ETF，持有期貨，長期持有必須考慮期貨轉倉等成本，較適合在低點買進、高點賣出賺價差。我個人比較喜歡的投資方法則是定期定額買進原型 ETF（國泰中國 A50），等到大跌後再用槓桿型 ETF（國泰中國 A50 正2）加碼，就可以增加報酬率。

9-3

上證指數 著重金融業、地產業

上證 50 指數是由上海證券交易所編制並發布的股票指數，挑選上證市場規模大、流動性好，且最具代表性的 50 檔股票。上證 50 僅投資上海股市，產業比例以金融和地產為主，占比超過 5 成。指數每半年調整一次成分股，一般而言，每次調整比例不超過10%，也就是不超過 5 檔股票。台灣業者發行的 ETF 中，元大上證 50（006206）就是追蹤上證 50 指數。

$ 元大上證50：瞄準上海大型產業

元大上證 50 以追蹤「上證 50 指數」的績效表現為投資目標，

元大上證50小檔案

代號	標的指數	經理費	保管費	收益分配	漲跌幅限制
006206	上證 50 指數	0.99%	0.1%	不分配	無

資料來源：元大投信，經理費依資產規模大小適用不同年率

國泰中國A50與元大上證50成分股比較

國泰中國 A50（00636）			元大上證 50（006206）		
股票名稱	代號	權重（%）	股票名稱	代號	權重（%）
貴州茅台	600519	11.11	貴州茅台	600519	13.42
招商銀行	600036	7.71	中國平安	601318	7.97
中國平安	601318	7.06	招商銀行	600036	7.78
五糧液	000858	6.28	隆基股份	601012	4.75
興業銀行	601166	3.64	興業銀行	601166	3.66
隆基股份	601012	3.12	藥明康德	603259	3.65
中國中免	601888	2.76	恆瑞醫藥	600276	3.32
中信證券	600030	2.58	中國中免	601888	3.31
東方財富	300059	2.42	伊利股份	600887	2.63
萬華化學	600309	2.29	中信證券	600030	2.5
合計		48.97	合計		52.99

資料時間：截至 2021/7/16

基本資料如左頁表。

接著來比較國泰中國 A50 和元大上證 50 主要成分股的區別，兩者前 10 大成分股權重均在50%上下，而且有 7 檔重疊。因此，主要差別在於國泰中國 A50 包含上海和深圳兩大股市，元大上證 50 則是只有上海股市。

💲 富邦上證：布局範圍貼近上證股市

中國還有上證180 指數，成分股是從上海證券市場 A 股中，挑選最具市場代表性的180 檔股票，市值越大的企業，權重就越高，其成分股的加總市值占上證總市值80%、分紅總額的 90% 以上，充分反映了上海證券市場的狀況。富邦上證（006205）就是以複製「上證180指數」的績效表現為目標，基本資料如下表。

富邦上證小檔案

代號	標的指數	經理費	保管費	收益分配	漲跌幅限制
006205	上證180 指數	0.99%	0.1%	不分配	無

資料來源：富邦投信

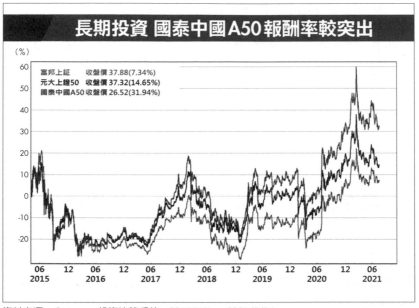

資料來源：CMoney 投資決策系統，2015/4/1 ～ 2021/7/16

　　接著來比較國泰中國 A50、元大上證 50 及富邦上證這 3 檔陸股 ETF 的報酬率，國泰中國 A50 是在 2015 年 4 月 1 日上市，為 3 檔標的中最晚上市者，所以比較區間設定為 2015 年 4 月 1 日至 2021 年 7 月 16 日。A50 指數涵蓋的市場較廣，所以國泰中國 A50 的報酬率勝過其他 2 檔 ETF。如果要長期投資，可優先考慮此標的。

$ 陸股投資新鮮人 不可不知5要點

最後，從上述各章節歸納出陸股投資的 5 要點：

要點① 定期定額搭配逢低加碼

指數不可能歸零，原型 ETF 不會變壁紙。用定期定額長期投資中國，贏的機率很高。但當指數重挫 15% 以上時，一定要逢低加碼。

要點② 賺價差報酬率較迷人

陸股走勢大多在區間上下震盪，因此參考 KD 指標來賺價差，報酬率會勝過存股。

要點③ 善用槓桿型 ETF 增加報酬率

耐心等大盤大跌，並在底部買進槓桿型 ETF，以發揮以小搏大的威力。如果指數在高點，則不建議追高。

要點④ 原型 ETF 才能長期持有

原型 ETF 是投資幾十支大型企業，可長期持有。槓桿和反向型 ETF 則是持有期貨，不建議長期投資，並要做好停利和停損。

要點⑤ 搭春節效應 提前布局

建議從下半年開始布局，才能跟上隔年農曆春節的旺季效應。

第三篇
海外市場主題式ETF

第10章

賺陸股科技財
要投資中國海外市場

科技新創企業
多在紐約、香港掛牌

許多投資人覺得陸股 ETF 都差不多，只要買大家熟悉的、成交量大的 ETF 就可以，真的是這樣嗎？過去幾年中國的經濟持續成長，但是阿里巴巴、騰訊等獨角獸企業，卻沒在 A 股掛牌，反而是跑到美國和香港上市，如果投資人買進中國 A 股 ETF，就無法投資這些企業巨頭。

2021 年 4 月 8 日騰訊發布公告，其第一大股東科技投資公司 Prosus（南非報業 Naspers 擁有大多數股權）出售 1.9 億股，共計港幣 1,141.7 億元（約台幣 4,243 億元），占已發行股分總數約 2%。自 2001 年以來，南非報業 Naspers 透過

Prosus 投資騰訊，20 年累計報酬率高達 7,800 倍，難怪想要
獲利了結。

　　中國是共產主義國家，實施資本管制，換句話說，外資可
以在中國賺錢，卻很難將賺到的錢匯出去。持有騰訊 46.5%
的 Naspers 當然明白其中要點，所以不會讓騰訊在 A 股掛
牌，而是要求它在資金能自由進出的香港股市上市，才可以獲
利走人。

　　同樣的故事也發生在阿里巴巴、京東、百度、小米、美團、
蔚來汽車……這些電商大廠的身上，出錢的原始創投股東紛
紛要求這些公司到紐約或香港掛牌，才能夠將獲利入袋！簡
單來說，中國 A 股（上海、深圳）是以金融、酒類、地產、
能源等公司為主，新興的科技、電商產業，大多跑到紐約和香
港掛牌。

💲 中信中國50：持股以電商、科技為主

　　既然講到騰訊、阿里巴巴、京東、百度、小米、美團、蔚來汽
車這些新創科技公司，就不得不提及中信中國50（00752），
先來看一下它的基本資料。

中信中國50小檔案

代號	標的指數	經理費	保管費	收益分配	漲跌幅限制
00752	MSCI中國外資自由投資50不含A及B股指數	0.99%	0.18%	滾入淨值、不分配	無

資料來源：中信投信

中信中國50追蹤「MSCI中國外資自由投資50不含A及B股指數」，其成分股是在紐約和香港掛牌，儘管台灣股市有10%的漲跌幅限制，但是中信中國50和在台灣上市的美股ETF一樣，都沒有漲跌幅限制。

中信中國50和0050相同，都是挑選市值前50大企業為成分股，也都採取市值加權，市值越大的企業、權重就越高。中信中國50成分股除了有騰訊、阿里巴巴、京東、百度、小米、美團、蔚來汽車這些新創科技公司之外，還有銀行類股、教育和日常生活所需的股票，但是仍以科技、電商為主要持股，符合新時代的潮流。

2020年新冠肺炎疫情肆虐，席捲全球超過百個國家，機場實施入境管制、大型活動被迫取消、電影一再延期上檔，導致實體

通路銷售衰退，相對的，電商、網路影音、外送等業績卻異軍突起！如今網路越來越普遍，人手一支行動裝置，加上疫情反覆，干擾日常生活，創造出新興的「宅經濟」商機。

宅經濟商機❶ 網路購物 電商業績大幅躍進

為了避免感染，許多人在家中使用網路購物，實體店家叫苦連天，紛紛裁員，而電商巨擘亞馬遜（Amazon）卻在北美增聘 10 萬名員工，2020 年其股價甚至大漲超過 70%，成為新冠肺炎疫情的最大受惠者之一，亞馬遜老闆貝佐斯（Jeff Bezos）更成為全世界最有錢的人。同樣的，擁有淘寶的阿里巴巴，一樣受惠疫情引發的網購商機，2020 年第 4 季營收年增 37%，獲利年增 52%。

宅經濟商機❷ 網路影音、遊戲 串流平台成大贏家

當新冠肺炎疫情最嚴重的時候，中國各地紛紛封城，老百姓關在家裡出不去，只能看影音、打電玩，中國規模最大的網際網路公司騰訊自然是受惠者，2020 全年營收年增 28%，獲利年增 71%。同樣的，美國 Netflix、HBO Go、Apple TV+ 等全球串流平台，也成為疫情時代宅經濟市場的大贏家！

宅經濟商機❸ 外送平台訂單爆增、股價狂飆

新冠肺炎疫情導致百貨公司美食街、夜市的人潮慘澹，外送業

者卻趁機崛起，電視中不斷看到 Uber Eats、Foodpanda 的廣告，大家越來越能接受外送服務。而一開始疫情最嚴重的中國，其第一大外送平台美團亦成為最大的受惠者，根據美團公布的 2020 年第 3 季財報，年度交易用戶數高達 4.8 億。美團股價也從 2019 年的 44 元港幣大漲到 2021 年初的 445 元港幣，漲幅高達 10 倍。

2020 年狂飆的還有特斯拉（Tesla）的股票，其老闆馬斯克曾是全世界最有錢的富豪。電動車不僅是未來的明星產業，更是中國的重點政策，但是特斯拉在 2020 年僅銷售了 50 萬輛，相較於同年中國汽車總銷售量 2,500 萬輛，特斯拉顯然無法補足龐大的市場需求，於是中國的蔚來汽車、比亞迪被寄予厚望，股價更是如旱地拔蔥般地大漲數倍。

如果投資人看好宅經濟、電動車的未來前景，也期待中國科技發展的未來潛力，投資中信中國 50 就可以囊括阿里巴巴、騰訊、美團、蔚來汽車這些企業，而最簡單的方法當然還是定期定額和逢低加碼。

利空事件是提高獲利的好時機

中信中國 50 於 2018 年 10 月底才成立，2019 年就受到諸多的

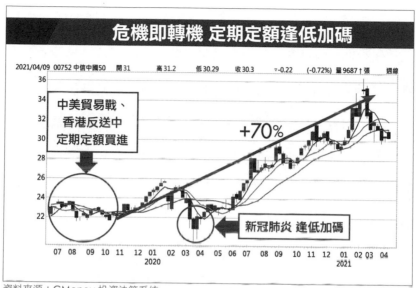

危機即轉機 定期定額逢低加碼

2021/04/09 00752 中信中國50　開31　　高31.2　　低30.29　　收30.3　　▽-0.22　　(-0.72%) 量9687↑張　週線

中美貿易戰、
香港反送中
定期定額買進

+70%

新冠肺炎 逢低加碼

資料來源：CMoney 投資決策系統

考驗和挑戰，國際上有越演越烈的中美貿易戰，國內則有香港反送中示威抗議，由於中信中國 50 的成分股在美國和香港掛牌，股價自然受到牽連。

　　但是平心靜氣想一想，阿里巴巴、騰訊、美團這些公司的主要獲利來源是在中國當地，中美貿易戰會影響淘寶的銷售嗎？香港反送中會影響騰訊、美團的業績嗎？上述重大事件只會牽動這些公司的股價，卻無法影響其獲利，對我來說，這些利空干擾就是逢低買進的好時機。

中信中國 50 和 0050 一樣是原型的 ETF，不可能倒閉變成壁紙，在遇到倒楣事件時採用「定期定額＋逢低加碼」是最簡單也最有效的投資方法。2019 年 9 月底，香港反送中活動進入最高潮，當時約有 70% 成分股在香港掛牌的中信中國 50，其股價也受到壓抑，我覺得「危機反而是轉機」，於是在粉絲團公開一項實驗，就是定期定額買進中信中國 50。

❶ 定期定額

我覺得，中美貿易戰和香港反送中活動短期內不容易落幕，於是採取定期定額的長期投資方式。自 2019 年 9 月底開始，每週三買進 10 張中信中國 50，持續 2 個月，平均成本約 22 元。網友問我，為何選在週三買進？原因很簡單，週三是一週的中間日子。其實要挑哪一天都可以，長期下來的差別不大，最重要的還是「紀律」。

❷ 逢低加碼

2020 年初，武漢爆發新冠肺炎疫情，全球股市紛紛重挫，中信中國 50 最低曾跌破發行的 20 元關卡。當時我覺得新冠肺炎引發的「宅經濟」，反而會讓阿里巴巴、騰訊、美團這些成分股受惠，也曾在直播時和網友分享，此時就是逢低加碼的最佳時機。

投資 ETF 我最喜歡「定期定額＋逢低加碼」的投資方式，不

僅勝率極高，也能大幅增加報酬率，從 P227 圖可以看出，短短 1 年半，獲利高達 70%。有一次，我碰巧遇到中信中國 50 經理人，我還挖苦他，中信中國 50 真的是流年不利，2018 年底推出不久就碰到中美貿易戰、香港反送中、新冠肺炎這三大難得一見的大利空。話雖如此，也因為有利空的干擾，才給予投資人逢低加碼、大幅增加報酬率的好時機。

⑤ 提前布局 抓住春節旺季商機

中信中國 50 主要成分股有阿里巴巴、騰訊、美團、京東、拼多多等公司，這些都是民生消費產業，一樣會受惠於農曆春節傳統旺季，所以我習慣提前布局。2020 年 7 月中，我又在粉絲團舉行中信中國 50 的定期定額買進實驗，計劃一路買到年底，然後在春節前逢高出脫。

網友問我，為何不等到旺季結束再賣出？一般來說，因為春節長假，上班天數減少反而會導致營收下滑，而且放假期間股市休市，萬一有國際利空，完全無法即時反應，所以我會選擇在這之前先獲利了結。

投資 ETF 的重點還是成分股的成長性，中信中國 50 經歷 3 大

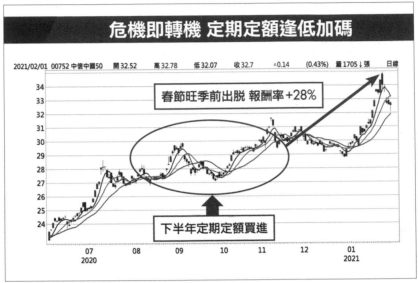

資料來源：CMoney 投資決策系統

利空後，股價仍可一路走高，統計至 2021 年春節前，報酬率高達 28%。當股市大多頭時，連爛股票都會暴漲，反而看不出好公司；但是在重大利空淬鍊下，才知道誰有真本事。也難怪中信中國 50 的規模，從 2019 年初的 2 億元左右，一路成長 18 倍，到 2021 年初已達 36 億元，可見好股票還是值得大家關注。

中信中國50正2：用小資金賺大報酬

中信中國 50 正 2（00753L）是中信中國 50 的「單日」正向

中信中國 50 正 2 小檔案

代號	標的指數	經理費	保管費	收益分配	漲跌幅限制
00753L	MSCI 中國外資 自由投資 50 不含 A 及 B 股單日 正向 2 倍指數	0.99%	0.2%	不分配	無

資料來源：中信投信

2 倍報酬，也就是槓桿型 ETF，請注意「單日」這兩個字，由於「每日重設」和「複利效果」，長期投資會產生偏差，而且偏差的方向無法預測，詳細說明請看我的另一本著作《上班族的 ETF 賺錢術：打敗死薪水 提前財務自由》。

槓桿型 ETF 的好處是，在低點時能發揮小兵立大功的威力，因為中信中國 50 和中信中國 50 正 2 成立僅 2 年多，所以我大多是參考週 KD 和日 KD 操作。如下頁圖所示，在 2020 年 4 月新冠肺炎疫情最嚴重，週 KD 出現黃金交叉時買進，3 個月後，在週 KD 死亡交叉時賣出，報酬率高達 60%。

在此還是要提醒，技術分析僅供參考，不可能完全準確，因此要做好資金分配，不要一開始就全押。槓桿型 ETF 都持有期貨，

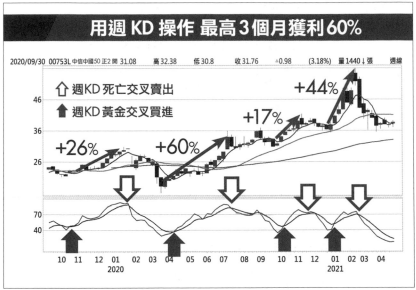

資料來源：CMoney 投資決策系統

不可能配息，所以無法靠領股利來長期抗戰，而且這類型的 ETF 都沒有漲跌幅限制，類似賭博，切記做好停利和停損，小賭怡情，但是不要賭身家。

❶ 停利：等待低點再進場

槓桿型 ETF 不同於個股，不會因為有特殊題材，或是籌碼等因素而漲不停。就如前述所說，中信中國 50 正 2 是中信中國 50 的單日 2 倍報酬，中信中國 50 的 50 支成分股不可能持續漲不停，因此買進中信中國 50 正 2 也要適當獲利了結（停利），等

待低點再進場。

❷ 停損：看錯方向就要出場

槓桿和反向型 ETF 都是持有期貨，一旦看錯方向就可能損失慘重，例如元大 S&P 原油正 2（00672L）因為大跌超過 90% 而下市。投資槓桿和反向型 ETF，一定要設好停損策略，一旦看錯方向就要壯士斷腕，避免賠光資金。

❸ 不要賭身家：應做好資金配置

槓桿和反向型 ETF 就是賭博，資金配置最重要，例如設定一開始先投入 10% 資金，下跌時再加碼 10%，最多只投入總資金的 20%，就要嚴格遵守。而且賺錢時要停利，賠錢時要停損，絕對不要賭身家。

錢進中國
做好風險控管最重要

投資股票主要賺取 2 種錢：股利和資本利得，所以股票也分成「價值型」和「成長型」2 種。

先來談談成長型股票，前面說到，阿里巴巴和騰訊的創始股東，動不動就獲利幾千倍，主要就是賺取資本利得（價差）。選到成長型的股票，報酬率最迷人，但是這類型的公司要不斷將獲利投入生產與研發，所以股利都偏少。投資人除了要了解產業趨勢、公司競爭力，更需要一點運氣和耐心，才能真正抱到成長股，當然也可能發生選錯股票，或是賺到一點就提早下車的狀況。

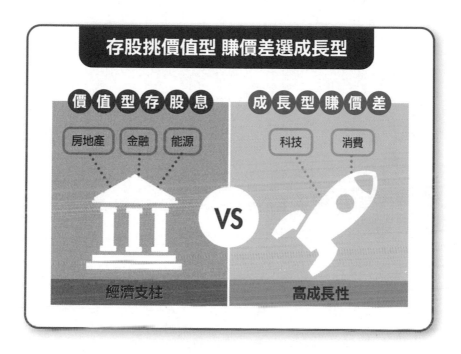

而價值型股票可以產生穩定的股利，例如台泥（1101）、亞泥（1102）、中信金（2891）、兆豐金（2886）⋯⋯優點是可以用殖利率和本益比來計算合理的股價，缺點就是股價不容易飆漲。

買進2檔ETF 分散投資陸股風險

投資最重要的還是資金配置，我除了長期持有成長型的台積電（2330），還持有中信金、台泥、亞泥來幫我產生穩

定的股利現金流。當然,如果時間能夠回到 20 年前,我一定全押台積電,但是萬一不幸押到宏達電(2498)、益通(3452),結果可能就大不同。投資成長型股票的風險往往比較高,所以我還是會搭配價值型的股票,來做全面的布局。

我持有中信中國 50 主要是看上其成分股的未來成長性,但是成長需要長時間等待,而且中信中國 50 沒有配息。後來,中信投信推出中信中國高股息(00882),兩者互相搭配,就是成長型加上價值型的組合。

中信中國高股息的小檔案在前面章節中已有說明,以下來分享我的投資經驗。中信中國高股息是在 2021 年 1 月 19 日到 1 月 21 日進行公開申購(IPO),然後在 2 月 4 日掛牌上市。公開申購的好處是,想買幾張就能買幾張,而且申購價格固定(上市後股價就會波動),因此我在 IPO 時認購了 200 張。

本來我打算在 IPO 時認購 500 張,因為當時中信中國高股息的指數本益比只有 6 倍多,算是物美價廉,而且近 6% 的殖利率也很迷人,長期投資有機會賺到股利和價差。但是中信中

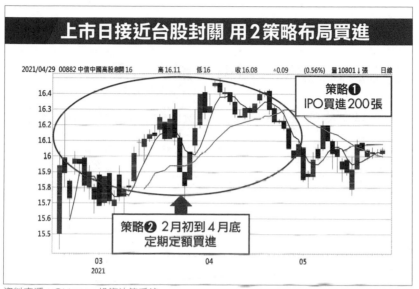

資料來源：CMoney 投資決策系統

國高股息在 2 月 4 日上市，隔天 2 月 5 日交易結束後，就遇到農曆春節台股封關休息。因為 2020 年春節期間中國爆發新冠肺炎疫情，所以 2021 年春節前我不敢抱太多陸股，決定先在 IPO 時買進 200 張，剩下的等春節後再買。

可惜我估計錯誤，2021 年春節期間，中國疫情沒有擴大，中信中國高股息的股價一路走高，於是我計劃採定期定額投資策略，每天買進 5 張，預計到 4 月底就可以湊足 500 張。網友又問我，為何是買到 4 月底，怎麼不一直買到除息？這就

要講一下 ETF 的配息機制。

(S) 股利若屬海外所得具節稅效果

　　中信中國高股息的股利來源是 50 支成分股的配息，大概從 5 月開始其成分股就會陸續除息，如果我在 4 月底前買進，中信中國高股息會把我的錢拿去投資 50 支成分股，我就可以拿到成分股的配息。如果太晚買進，一旦成分股的配息結束，我就拿不到這些股利！從春節開紅盤後定期定額買進，預計到 4 月底，總共要買進 300 張，平均起來就是 1 天買 5 張。

　　我一直存股票、領股利，股利越領越多，自然會碰到繳稅的問題。由於 ETF 就是基金，基金的稅負可依其收益來源，拆

配息、資本利得須負擔的稅費

基金種類	投資標的	本國個人		
		基金配息	資本利得	二代健保補充保費
境內基金	國內市場（含中國）	併入綜合所得稅	停徵	單次超過 2 萬元須課徵（稅率 2.11%）
	國外市場	最低稅負制	停徵	無

資料來源：健保局

成 2 部分來看。以國內業者發行的基金來說，不論投資國內或海外市場，買賣價差都不課稅；而配息來源若來自國內有價證券，須併入綜合所得稅，但配息若來自海外公司，屬境外所得，適用最低稅負制。

憲法明訂「大陸地區為中華民國之領土」，因此投資中國企業領到的股利，一樣視為「國內所得」，須依法繳交所得稅和補充保費，股利所得在報稅時可以採取「合併計稅」或「分開計稅」。針對台灣股利報稅相關規定，說明如下：

❶ 合併計稅：適用小資族

將股利所得併入綜合所得稅，總股息的 8.5% 可以抵減稅額。例如總共拿到 10 萬元的現金股利，可以抵減 8,500 元的稅金（10 萬元 ×8.5%），但是「每戶」的抵減上限為 8 萬元，要注意，是每個申報戶而非每個人。依抵減上限計算，全年股利不超過 94 萬 1,176 元的投資人（8 萬元 ÷8.5%），可全額享有抵減稅額。

> 應納稅額＝〔（其他所得＋股利所得）× 稅率〕－累進差額
> －（股利所得 ×8.5%）

❷ 分開計稅：適用高所得人士

如果年收入高達 300 萬元以上，或是所得適用稅率高達 30%，甚至是 40%，這時候將股利併入所得稅就不划算。反之，選擇分開計稅可以少繳一點稅，例如領到 300 萬元股利，以分開計稅、單一稅率 28% 計算，要繳 84 萬元稅金。報稅時，投資人可先在國稅局網站進行試算，再決定採取合併計稅或分開計稅。

> 應納稅額＝（其他所得 × 稅率）－累進差額＋（股利所得 ×28%）

❸ 海外所得：適用最低稅負制

最低稅負制適用於海外所得，指未計入綜合所得總額之非中華民國來源所得及港澳地區來源所得。

> 最低稅負之基本稅額＝（綜合所得淨額＋最低稅負 6 大項稅基－免稅額 670 萬元）×20%

一申報戶全年合計海外所得未達台幣 100 萬元者，可免計稅；100 萬元以上者，應全數計入。基本所得額（海外所得等 6 大項稅基）在 670 萬元以下者，可扣除 670 萬元，因

為一般投資人很難達到這門檻，所以海外所得具有稅負上的優勢。

　而中信中國高股息成分股分別在中國、開曼、香港、百慕達等地註冊，其中來自中國的股息僅有約 40%（註：每次配息會因成分股權重調整，而有些許不同）屬於國內所得，要繳交所得稅和健保補充保費，其餘將近 60% 的股利是

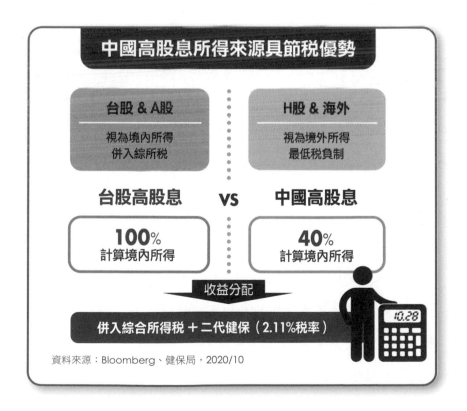

中國高股息所得來源具節稅優勢

台股 & A股	H股 & 海外
視為境內所得 併入綜所稅	視為境外所得 最低稅負制

台股高股息　VS　中國高股息

100% 計算境內所得	40% 計算境內所得

收益分配

併入綜合所得稅＋二代健保（2.11%稅率）

資料來源：Bloomberg、健保局，2020/10

海外所得，超過 670 萬元的部分要繳交 20% 的所得稅；反之，如果低於 670 萬元就不用繳交。相較於國內高股息 ETF，具有合法節稅的效果，這也是我投資中信中國高股息的主要原因。

關注政策走向 做好資金配置

中信中國高股息在 2021 年 7 月 16 日除息 0.68 元，以除息前一天收盤價 15.59 元計算，殖利率高達 4.36%。然而除息期間剛好碰到港股下挫，截至撰寫本書時仍呈現貼息走勢。中信中國高股息是半年配息，也就是 1 年配 2 次，如果投資人聚焦在領取股利，不用在乎短期的股價走勢，只要投資時間夠長，持續領股利來降低成本，耐心等待股市回升即可。不過，還是要提醒分散投資的重要性，我會同時持有不同的 ETF 來分散單一股票的風險。

投資中國股市最讓人擔憂的是官方政策，阿里巴巴旗下的螞蟻金服，原本計劃於 2020 年 11 月 5 日在上海及香港同時上市，是人類史上最大的 IPO 規模。然而在馬雲發表一系列砲轟金管單位的言論之後，IPO 最後無疾而終。

　　中國是共產國家，期望藉由「共同富裕」弭平貧富不均，恐怕無法接受貝佐斯、祖克柏（Mark Zuckerberg）這些富可敵國的大資本家。2021 年起，為了規範互聯網巨頭壟斷行為，中國政府開啟了一連串的管制措施，導致阿里巴巴、騰訊、美團……股價紛紛重挫。

　　目前，中國的政策還是以「提升製造業」為主，目的在創造就業率。至於網路這些新興科技產業，儘管仍是未來的趨勢，但還是要注意國家政策走向，不要買在高點。投資中國應做好資金分配，不建議重押或是 All in（全部投入）。

　　2021 年中國股市不平靜，下半年爆發恆大集團的危機消息，股市向下沉淪，中信中國高股息股價向下探底，我在領到股利之後持續買回，可以降低成本並增加張數。高股息 ETF 適合長期投資，用時間來換取空間。

第三篇
海外市場
主題式ETF

第11章

資金新熱點
越南長線看多

利多加持
投資越南正夯

早期的中國以世界工廠聞名，當時一個富士康員工的月薪僅 600 元人民幣，如今，當地工資已經上漲好幾倍。而中國過去實施一胎化政策，導致年輕勞力的供給慢慢出現缺口，加上其經濟崛起，開始轉型成「世界市場」，對於需要龐大廉價勞力的台灣企業而言，走出中國已經是遲早的事。

2018 年起，美國對中國發起貿易戰，夾在中間的台商更是暗地叫苦，紛紛開始尋找另一個生產基地。為了分散供應鏈風險，蘋果（Apple）更主動要求其代工夥伴——鴻海（2317）將部分 iPad 平板電腦和 MacBook 筆電的生產線，從中國遷

移到越南。

2020 年 11 月，媒體報導鴻海集團擬透過新加坡子公司 Foxconn Singapore Pte Ltd. 在越南投資 2.7 億美元，設立 Fukang Technology，用以生產平板電腦和筆記型電腦，初估年產能約 800 萬台。看到這則新聞之後，我開始尋找投資越南的商品，由於當時台灣僅有「中國信託越南機會基金」，於是我從 2020 年 12 月起，分 4 次買進 10 萬美元，打算長期投資！

隨後，富邦投信推出越南 ETF，在 2021 年 4 月 19 日掛牌首日，即受到投資人熱烈搶購而發生大幅溢價。越南究竟在紅什麼，可以長期投資嗎？投資越南的基金和 ETF 有何差別，讓我來向大家分析、講解。

$ 擠下中國 有望成為下一個世界工廠

股市是經濟的櫥窗，從 1951 年至 1990 年，台灣對外貿易持續快速發展，連續 40 年平均經濟成長率達 9%，為台灣創造了 700 億美元的外匯存底，成為股市的最大成長動力。1985 年，台灣的國民平均所得已逾 3,000 美元，1986 年大盤指數首次突破 1,000 點，隨後，在 1990 年創下 12,682 歷史高點，僅僅 4 年推升指數

資料來源：Bloomberg、富邦投信整理；資料時間 1970 ～ 2011 年

上漲超過 11 倍。

　　翻開亞洲股市的一頁歷史，當台灣、中國、日本、韓國的國民平均所得突破 2,000 美元後，股市皆進入繁榮的黃金時期。越南在 2019 年國民平均所得來到 2,715 美元，預測 2021 年將接近 3,000 美元，越南是否會複製亞洲各國的股市奇蹟，著實令人期待！

　　近幾年，越南的經濟成長率穩定維持在 6% ～ 7% 之間，儘管 2020 年受疫情影響而下滑，仍是少數維持正成長國家之一。目前

越南 35 歲以下人口占比約 60%，年輕且廉價的人口結構成為吸引外國投資的重大因素，而外資直接投資（FDI）金額每年也都維持高成長。

目前，越南是全世界參與自由貿易協定（FTA）最多的國家之一，截至 2020 年 2 月，越南享有 17 個 FTA，涵蓋範圍多達 60 國，其出口總額也從 2007 年的 480 多億美元，增長到 2020 年的 2,826.5 億美元。雖然中美貿易戰「歹戲拖棚」，然而越南挾著 FTA 優勢，必定能吸引更多企業投資進駐，加上低廉且年輕的勞動力與政策加持，「越南製造」隱然有取代「中國製造」的可能。

越南ETF
須留意外資持股限制

富邦投信於 2021 年 4 月 19 日推出富邦越南（00885），主打 4 大特色：❶ 台灣第 1 檔投資越南的 ETF；❷ 越南透過政策改革、強化貿易協定簽署，將受外資青睞；❸ 擁人口優勢，越南 35 歲以下人口占比約 60%；❹ 2020 年 12 月 MSCI 將科威特自邊境市場移除，納入新興市場指數後，越南成為邊境指數占比最大的國家，未來有望入主 MSCI 新興市場指數。

由於富邦越南是投資海外公司，管理費與保管費都比較高，而且沒有配息，也沒有漲跌幅限制。

富邦越南小檔案

代號	標的指數	經理費	保管費	收益分配	漲跌幅限制
00885	富時越南 30 指數	0.99%	0.23%	不分配	無

資料來源：富邦投信

⑤ 小心溢價風險 股價終會回歸淨值

富邦越南掛牌上市第 1 天，投資人熱烈搶購，導致盤中溢價一度接近 20%。富邦投信也發布新聞稿，呼籲投資人留意風險，一旦看到溢價太高，不要輕易搶進，風險考量應優於報酬。ETF 不同於個股，不能用籌碼預估漲跌，也沒有蜜月行情，且其價格不會脫離「淨值」太多，溢價太高的下場一定是回歸淨值。

根據我過去的觀察，當 ETF 溢價超過 1% 就算不正常，而溢價的情況通常在 3 天內就會回歸淨值，然而富邦越南的大幅溢價卻持續約 2 週，原因就在於越南股市規模太小以及對外資的管制，如果富邦投信短期內發行太多單位，拿到的資金無法馬上投入越南股市，反而會影響投資人的權益。

因此，在上市第 1 天富邦投信便啟動申購控管，投資人就算提

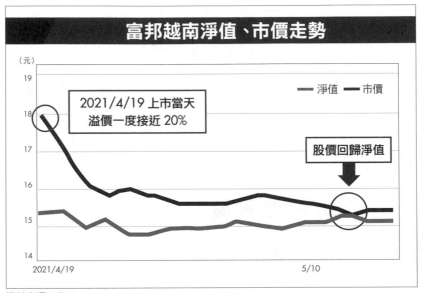

富邦越南淨值、市價走勢

（元）

2021/4/19 上市當天
溢價一度接近 20%

股價回歸淨值

── 淨值 ── 市價

2021/4/19　　　　　　　　5/10

資料來源：CMoney

出申購，也不一定買得到，短期「供不應求」的情況，導致富邦越南的溢價無法立刻收斂，但是 ETF 股價回歸淨值是鐵律，畢竟沒有人願意用較高的價格買進較少的價值。在富邦投信持續穩定釋出籌碼，投資人也趁著大幅溢價出脫持股的情況下，慢慢地又變成「供過於求」，富邦越南股價最後還是回歸到淨值附近。

受限法令規範 可能錯失好股

富邦越南和 0050 一樣，都是挑選市值大的好公司，同時由市

值決定成分股權重，所以也被稱「越南版的 0050」。首先要說明，在越南共有 3 大交易所，分別是胡志明證券交易所、河內證券交易所、未上市公司交易所，而胡志明證交所的掛牌企業總市值、日成交金額皆遠高於另外 2 個，因此較能充分反映整體越南股市的表現。

富邦越南追蹤的指數為「富時越南 30 指數」，其成分股篩選原則如下方所示。

「完全複製法」指的是，ETF 完全依照追蹤指數來投資成分股及配置比重，當指數成分股有異動時，ETF 也會做相對應的調整。在成分股篩選條件中最重要的應該是第 2 點「外資持股限

富邦越南成分股篩選條件

❶ 在胡志明證交所掛牌交易的證券。
❷ 考量流動性及外資持股限制FOL（Foreign Ownership Limit）。
❸ 選取市值最大的30檔。
❹ 指數化策略將以「完全複製法」為主。
❺ 持有成分股檔數不低於標的指數成分股檔數之90%。

資料來源：富邦投信

制」，早年的台灣股市一樣有設限，但是隨著台股規模日益壯大，加上要和國際接軌，也就逐步取消限制，如今外資已可以自由投資台股，例如台積電（2330）的外資持股就高達80%。

目前，越南股市的規模不大，為了避免被外資「整碗捧去」，一般企業的外資持股最多就是49%；部分產業例如銀行、航空等，外資持股上限甚至只有30%。雖然有些公司可以經過股東會修訂公司章程調高外資持股比率，但絕大多數上市櫃公司的外資持股限制還是在30%～49%之間，只要到達上限，外資就不能再買進，此時就會產生流動性不足的情況。

對於資金規模龐大的ETF來說，流動性是相當重視的一環，以0056為例，雖然裕日車（2227）歷年的殖利率表現都不錯，但因為每天平均成交量只有100張左右，未符合0056成分股流動性標準，很難被納入；再者，一旦被納入，0056可能要買進上萬張的裕日車股票，恐怕會導致裕日車天天漲停板，反而影響到投資人的權益。

同樣地，富時越南30指數篩選邏輯也包含流動性，例如當某一支股票的外資持股達上限規定後，外資就不能再買進，此時

富時越南30指數產業分布

產業	持股占比（%）
不動產	33.82
核心消費	19.73
工業產品及服務	13.64
銀行	12.91
零售業	5.56
金融服務與保險	5.44
旅遊休閒	3.11
建築與材料	2.01
能源	1.64
公用事業	1.15
其他	1

資料來源：富時指數公司，資料時間截至 2021/6/30

流動性風險就會增加，富時越南 30 指數就有可能將該成分股剔除。由於富邦越南是被動型 ETF，只能追蹤指數成分股，便會發生因為外資持股已達上限、ETF 卻無法買進股票的情況。

接著來看，富時越南 30 指數的產業分布情況，從上表可見，不動產與核心消費產業的占比逾 5 成。

如前述說明，富邦越南採用市值加權，因此前 10 大成分股，包括 Hoa Phat Group JSC（和發集團，越南第 1 大鋼鐵製

富邦越南前10大成分股

股票名稱	產業	持股權重（%）
Hoa Phat Group JSC（和發集團）	一般工業	11.84
Masan Group Corp	核心消費	10.76
Vinhomes JSC	不動產	9.52
No Va Land Investment Group Corp	不動產	8.83
Vingroup JSC	不動產	8.78
Vietnam Dairy Products JSC	核心消費	7.33
Vincom Retail JSC	零售業	5.14
Bank for Foreign Trade of Vietnam	銀行	5.11
SSI Securities	金融服務	4.17
Phat Dat Real Estate Development	不動產	3.59
前 10 大成分股合計		75.07

資料來源：CMoney，資料時間截至 2021/7/16

造商）、Masan Group（越南零售業巨頭）、Vinhomes、
Vingroup、Vincom Retail 等權重約占 7 成多，前 20 大成分股
占比更高達 9 成。

　　想要投資富邦越南，重點在於你是否看好越南未來成長性，如
果看好，就用定期定額的方式長期投資，因為 ETF 具備「汰弱換

強」的機制，會主動篩選最適合的成分股，投資人只須付出資金
和時間，就可以抓住越南股市的成長。富邦越南是 ETF，優點是
可以像股票一樣買賣，進出很方便，而且證交稅只有一般股票的
3 分之 1，所以也可以參考技術指標做價差，這是它勝過越南基
金的地方。

越南基金
選股彈性、獲利突出

同樣是 100% 投資越南,接下來將以主動型基金「中國信託越南機會基金」為例子,介紹其特色並說明它與富邦越南 ETF 的異同。

特色❶ 鎖定高經濟成長機會

選股著重特色產業及外資直接或間接投資的受惠族群,精選具盈利成長潛力的市場領導型或利基型企業。

特色❷ 瞄準越南 3 大商機

瞄準 3 大商機:消費升級、 外資投資衍生的基礎建設和公用事業建設、 金融改革開放帶來的證券市場成長。

特色③ 用相關概念股分散風險

　　除了投資當地上市公司外，亦納入具「越南概念」的有價證券。也就是說，萬一越南發生系統性風險，例如戰爭、政權更迭、自然災害……也可以買進儒鴻（1476）和三星等在當地設廠的企業股票來分散風險，但是當無風險時就只會買進越南的上市公司。

　　下表列出中信越南機會基金的產業分布，前幾大分別為金融、

中信越南機會基金產業分布

產業	持股占比（%）
金融	34.43
不動產	23.75
原物料	9.89
現金	9.37
基金／ETF	9.15
資訊科技	4.8
循環性消費	3.94
公用事業	2.2
工業	1.78
能源	0.69

資料來源：富時指數公司，資料截至 2021/6/30

不動產、原物料、循環性消費……回想 1989 年台灣股市上萬點之後，台灣的房價就一去不回頭，老百姓的消費力道大增，銀行的獲利也越來越好，長期投資相關股票的報酬率都很迷人。

中信越南機會基金前 10 大成分股，與富邦越南成分股重複者包含 Hoa Phat Group JSC（和發集團）、Vinhomes、

中信越南機會基金前10大成分股

股票名稱	產業	持股權重（％）
DCVFMVN Diamond ETF	基金／ETF	9.15
Military Commercial Joint Stock	金融	9.05
和發集團股份公司	原物料	8.98
越南外貿銀行	金融	6.72
越南興旺股份商業銀行	金融	6.64
諾瓦土地投資集團公司	不動產	6.38
Vietnam Joint Stock Commercial	金融	5.26
Vinhomes JSC	不動產	5
FPT 工藝投資展股份公司	資訊科技	4.8
Vingroup 股份公司	不動產	4.41
前 10 大成分股合計		66.39

資料來源：中信投信，資料時間截至 2021/6/30

Vingroup 等，可以看出 Vingroup 集團在當地具有一定的市場地位，容易被法人機構納入投資組合當中。

持有越南鑽石ETF 打破外資持股限制

對越南來說，中信越南機會基金是外資，一樣要遵守外資持股限制的規定，只要某家企業的外資持股達到上限，中信越南機會基金就不能再買進該公司的股票。但是和越南 ETF 不同之處在於，ETF 要遵照追蹤指數的成分股配比，如果指數將該公司剔除，越南 ETF 就不能再持有該股票（已納入的也要賣出）。但是中信越南機會基金因為是主動型基金，可以繼續持有，不須賣出。

此外，身為主動型的中信越南基金還可以自行挑選標的。特別的是，它所持有的第 2 大成分股「越南鑽石 ETF」。越南鑽石 ETF 是由越南本地發行，專門追蹤外資持股已達上限的越南股票，過去半年（統計至 2021 年 3 月 19 日），其報酬率高達 56.8，遠勝胡志明指數的 33.3%。由此可見，若想完整掌握越南股市成長潛力，好公司股票（達到外資持股上限）是不可忽視的重點。

可惜的是，多數國際指數公司編制的越南指數，基於流動性的考量，通常會事先排除這類股票，這是透過 ETF 投資越南吃虧的地方。然而中信越南機會基金則藉由持有越南鑽石 ETF，來打破外資持股限制的障礙。

主動型的中信越南機會基金，因為要聘請 Dragon Capital（越南最大的外資資產管理公司之一）當投資顧問，所以經理費就會比較高，列表如下。

內扣成本較高通常是主動型基金的弱點，但是重點還是該基金能否幫投資人創造更高的利潤。從右頁圖可以看出，中信越南機會基金 1 年 2 個月的報酬率超過 60%，相信投資人也不會吝於 1 年多付出 1% 的費用吧！

究竟基金和 ETF 要如何挑選？小孩子才做選擇，可以統統都買

富邦越南與中信越南機會基金費用比較

基金名稱	經理費（%）	管理費（%）
富邦越南（00885）	0.99	0.23
中信越南機會基金	2	0.28

資料來源：富邦、中信投信，中信越南機會基金經理費依資產規模大小適用不同年率，00885 的經理費則為固定

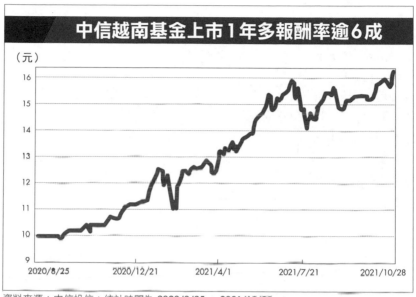

中信越南基金上市1年多報酬率逾6成

（元）

資料來源：中信投信；統計時間為 2020/8/25 ～ 2021/10/28

啊。根據我的經驗，ETF 由於進出容易、手續費和證交稅低廉，適合喜歡做短線價差的投資人。基金的進出比較麻煩，買進時的手續費也比較高，比較適合做長期投資！我用老婆和小孩的名字買進 10 萬美元的中信越南機會基金，不管賺錢或賠錢，老婆都不會還我，這樣就可以抱牢 10 年做長期投資。

《小資致富術：用主題式ETF錢滾錢》

作者：陳重銘

總編輯：張國蓮
副總編輯：李文瑜
責任編輯：王怡雯
封面設計：蘇月秋
美術設計：蘇月秋、黃慈玉
封面攝影：張家禎

董事長：李岳能
發行：金尉股份有限公司
地址：新北市220板橋區文化路一段268號20樓之2
電話：02-2258-5388
傳真：02-2258-5366
讀者信箱：service@berich.net.tw
製版印刷：科樂股份有限公司
總經銷：聯合發行股份有限公司

初版1刷：2021年12月
初版26刷：2022年3月
定價：360元
版權所有 翻印必究
Printed in Taiwan

國家圖書館出版品預行編目（CIP）資料

小資致富術：用主題式 ETF 錢滾錢 /
陳重銘著 . -- 初版 . -- 新北市：金尉股份
有限公司 , 2021.12　面；　公分
ISBN 978-986-06732-1-0（平裝）

1. 基金 2. 投資

563.5　　　　　　110017688

Money錢

Money錢

Money錢

Money錢